마흔에 읽는 쇼펜하우어

마음의 위기를 다스리는 철학 수업
마흔에 읽는 쇼펜하우어

© 강용수 2023

1판 1쇄 2023년 9월 7일
1판 230쇄 2024년 12월 26일

지은이 강용수
펴낸이 유경민 노종한
책임편집 이현정
기획편집 유노북스 이현정 조혜진 권혜지 정현석 **유노라이프** 권순범 구혜진 **유노책주** 김세민 이지윤
기획마케팅 1팀 우현권 이상운 **2팀** 이선영 김승혜 최예은 전예원
디자인 남다희 홍진기 허정수
기획관리 차은영
펴낸곳 유노콘텐츠그룹 주식회사
법인등록번호 110111-8138128
주소 서울시 마포구 월드컵로20길 5, 4층
전화 02-323-7763 **팩스** 02-323-7764 **이메일** info@uknowbooks.com

ISBN 979-11-92300-81-8(03160)

마흔에 읽는 쇼펜하우어

마음의 위기를 다스리는 철학 수업

강용수 지음

유노
북스

"삶의 지혜는
즐겁고 행복하게
사는 기술이다."

쇼펜하우어

상대적인 삶이 아니라
절대적인 삶을 위하여

인생을 사계절로 나눈다면 40대는 늦여름이 끝나고 초가을쯤 열매를 맺어야 할 때라고 본다. 지식과 경험을 쌓은 20대, 일과 인간관계에 집중해 치열하게 산 30대를 거쳐, 40대는 인생의 수많은 시험을 치르고 자리 잡기 시작하는 시기다. 원하는 바를 성취하고 뿌듯함을 느끼기도 할 것이다.

하지만 40대는 성공의 기쁨만큼 개인에서, 사회에서, 인생에서 실패의 아픔도 많이 겪는 시기다. 여전히 직장 일과 집안일, 자녀의 육아와 교육 등 바쁜 생활에 치이느라 자신을 들여다볼 여유가 없으며, 인간관계에 회의감을 느끼고, 죽음에 따른 상실감에 대해 진지하게 생각해 보게 된다.

마흔의 마음은 복잡하다. 인생이 아직 한참 남았는데 앞으로 펼쳐질 시간이 기대되기보다 늘 그렇듯 같은 일이 반복될 것이라는 생각을 하게 된다. 벌써부터 웬만한 일은 익숙해져서 재미가 없고 시시하다.

가수 김광석의 〈서른 즈음에〉를 들으며 청춘을 아쉬워하기도 전에 이제는 양희은의 〈내 나이 마흔 살에는〉의 가사처럼 30대의 "그 빛나는 젊음은 다시 올 수가 없다"는 후회에 공감하게 되는가? 그렇다면 40년간 익숙함과 타성으로 굳어진 자신의 단단한 세계를 무너뜨릴 때가 됐다.

쇼펜하우어는
누구인가?

아르투어 쇼펜하우어는 1810년 괴팅겐대학교에서 한 학기 동안 의학을 공부하다가 방향을 바꿔 칸트와 플라톤 철학을 공부했다. 쇼펜하우어 철학은 칸트, 플라톤, 아리스토텔레스 등 서양 철학뿐만 아니라 동양 철학의 영향을 받아 형성됐다.

10년 후 1822년, 쇼펜하우어는 30대에 독일 베를린대학교에서 강의를 할 기회를 얻는다. 강사 임용을 받은 그는 일부러 당당하게 당대의 최고 철학자인 헤겔의 강의 시간과 같은 시간에

강의를 개설했다. 하지만 그는 빈 강의실에서 강의해야만 하는 참담한 현실을 받아들여야 했다.

1839년 그는 현상 논문 〈인간 의지의 자유에 관하여〉로 노르웨이 왕립 학술원으로부터 수상했다. 1840년 현상 논문 〈도덕의 기초에 관하여〉로 덴마크 왕립 학술원에 지원했지만 그 당시의 철학자인 헤겔, 피히테 등을 비난했다는 이유로 수상하는 데 실패한다. 이 일을 계기로 쇼펜하우어는 학계를 떠나 철학적으로 은둔의 삶을 선택했다.

《의지와 표상으로서의 세계》도 크게 주목받지 못했다. 쇼펜하우어는 비록 학문과 저술이 크게 인정받지 못했지만 불행해하지 않았다. 타고나기를 자존감이 높았던 그는 자신이 타고난 천재적인 재능과 능력에 자부심이 있었다. 그는 자신의 천재성이 후대에 평가받을 것이라고 위안했다.

쇼펜하우어의 실력이 서서히 알려지고 인정받기 시작한 것은 40대 중반부터다. 아리스토텔레스의 행복론을 바탕으로 자신의 생각을 재구성하여 행복하게 살기 위한 지혜와 처세술을 정리한 수필집 《소품과 부록》이 그를 세계적으로 유명하게 만들었다.

《의지와 표상으로서의 세계》가 삶의 의지를 부정하면서 자살에 대한 논의를 이끌어 냈다면 이 책은 '태어나지 않았더라면 더 좋았을 것'이라는 탄식을 넘어 '행복하게 사는 것이 더 낫다'는 주장을 펼친다. 행복의 기술은 잘 죽기 위함이 아니라 잘 살기 위한 지혜인 것이다. 이왕 태어난 인생을 한탄만 하지 말고 의미 있게 살아 보자는 의미다.

쇼펜하우어는 45세부터 저서와 함께 명성이 높아졌다. 60대에는 본대학교를 포함해 세계의 여러 대학에서 그의 철학을 주제로 강의가 열릴 만큼 명성을 떨쳤다. 1858년 70세 생일에는 전 세계의 축하 편지를 받았다.

노년의 쇼펜하우어는 이때의 심정을 다음과 같이 시적으로 표현했다.

"나는 이제 여정의 목적지에 지쳐 서 있다. 지친 머리는 월계관을 쓰고 있기도 힘들구나. 그래도 내가 했던 일을 기쁘게 돌아보는 것은 누가 뭐라 하든 흔들리지 않았기 때문이리라."

만약 쇼펜하우어가 자부심이 떨어져 40대에 포기했다면 이후의 인생도 어떻게 됐을지 모르고, 당연히 행복도 만끽하지 못했을 것이다. 그에게 40대는 위기를 넘은 때이자 인생의 중요한 분기점이었다.

세계 명사들이
사랑한 철학자

쇼펜하우어의 책은 철학자, 과학자, 심리학자, 문학자, 법조인, 음악가, 정치인들 사이에서 큰 인기를 끌었다. 철학자 가운데 프리드리히 니체, 쇠렌 키르케고르, 비트겐 슈타인, 존 듀이, 윌리엄 제임스, 칼 포퍼 등에 영향을 줬다.

특히 프리드리히 니체는 자신이 철학자가 된 계기가 쇼펜하우어 때문이라고 말했다. 젊은 시절에 니체는 책방에서 우연히 쇼펜하우어의 책을 발견하여 읽고 철학자가 되기로 결정했다고 한다. 니체는 쇼펜하우어를 "모든 희망을 잃고도 진리를 추구" 한 사람으로 높이 평가한다. 또한 〈교육자로서의 쇼펜하우어〉에서 이렇게 말했다.

"그가 가르친 것은 지나갔으나 그가 살았던 것은 남으리라. 이 사람을 보라. 그는 누구에게도 굴복하지 않았노라."

과학자 가운데는 진화론의 이론가인 찰스 다윈과 상대성 이론가인 아인슈타인에게 영향을 줬다. 심리학자에서는 카를 융, 에두아르트 하르트만에게 이론적인 토대를 제공했다. 음악가에는 바그너가 있다. 1854년 바그너는 쇼펜하우어의 음악 철학을 찬미하며 〈니벨룽겐의 반지〉를 그에게 보냈다.

가장 큰 영향을 준 분야는 문학계다. 셀 수 없이 많은 문학가들이 그의 영향을 받았다. 헤르만 헤세, 프란츠 카프카, 도스토옙스키, 에밀 졸라, 오노레 드 발자크, 마르셀 프루스트, 토마스 만 등이 있다. 가장 유명한 두 사람을 꼽으라면 톨스토이와 노벨상을 받은 앙드레 지드가 있다. 또한 정치인 가운데는 책벌레인 아돌프 히틀러도 빼놓을 수 없다.

왜 쇼펜하우어 철학이 필요한가?

"산다는 것은 괴로운 것이다."

인생의 의미를 끊임없이 고민한 철학자, 아르투어 쇼펜하우어의 가장 유명한 말이다. 마흔은 가장 열정적으로 살아가는 인생의 황금기이자 쇼펜하우어의 말대로 '인생은 고통'이라는 인식에 도달하는 시기다.

고통은 두 가지 종류가 있다. 하나는 '가짜 행복'을 좇는 고통이다. 많은 사람이 출세, 부, 명예를 손에 잡히는 행복으로 여긴다. 그런데 이런 행복은 무게 중심이 자기 안이 아니라 자기 밖에 있다. 그래서 좇을수록 의심이 들고 점점 공허해지며 더 괴로워질 것이다.

다른 하나는 '진짜 행복'을 좇는 고통이다. 진짜 행복은 허상과 같아서 찾기가 어렵다. 자기 자신에 대한 깊은 통찰이 필요하며, 계속해서 스스로를 무너뜨리고 새롭게 거듭나야 한다. 무게 중심을 자기 밖에서 자기 안으로 옮겨야 하며 자신이 무너지고 깨지고 부서지기 때문에 괴로울 것이다. 그런데 진짜 행복을 좇으면 우리는 새로운 것을 발견할 수 있다. 바로 자기 자신을 긍정하는 마음, 타인에게 비굴하지 않고 기죽지 않는 당당함, 스스로의 힘으로 살 수 있는 품격이다.

쇼펜하우어는 누구나 어느 정도의 걱정과 고통과 고난이 필요하다고 말했다. 우리는 지금까지 가짜 행복을 좇는 고통을 겪었는지도 모른다. 이제는 진짜 행복을 좇는 고통을 겪어야 할 때다.

쇼펜하우어는 현시대 마음의 위기를 겪고 있는 우리에게 크게 다섯 가지를 알려 준다.

첫째, 삶의 지혜다.

쇼펜하우어의 명언은 세대를 거듭해 회자됐다. 그의 통찰력 있는 한마디 한마디가 마음의 위기를 겪는 마흔에게 어떻게 살아야 하는지 냉철하게 조언한다.

"내 철학은 위로를 주지 않는다는 말을 다시 들을 수밖에 없을 것 같다."

그렇다. 쇼펜하우어의 철학은 위로를 주지 않는다. 대신 삶의 지혜와 깨달음을 준다.

둘째, 행복을 자기 밖이 아니라 자기 안에서 찾는 법이다.

있다가 없어지지 않고, 누가 함부로 빼앗을 수 없고, 자신을 희생하면서 얻지 않아도 되는 소중한 것을 알려 준다.

셋째, 자신에게 집중하는 방법이다.

불행한 이유는 대부분 타인에게 의지하기 때문이다. 자신이 결핍되고 공허해서 타인에게 대신 희망을 거는 것이다. 많은 이가 자기 자신조차도 자신의 눈이 아니라 타인의 눈으로 바라본다. 좁고, 편견에 사로잡혀 있고, 이기적이고, 왜곡된 거울에 자신이 잘 비치기를 바라는 것은 어리석다.

넷째, 허영심을 버리고 자긍심을 가지는 방법이다.

자긍심은 자신이 어떤 장점과 특별한 가치를 지녔다는 확고한 믿음에 근거한다. 우리는 자긍심이라는 보석을 찾아야 한다.

다섯 째, 두 번 다시 오지 않는 시간의 의미를 깨닫고 현명하게 사는 방법이다.
지나치게 현재만을 살지 않고, 불안과 걱정에 휩싸여 미래를 살지 않는 태도를 알려 준다.

흔히 쇼펜하우어를 자살을 찬미한 염세주의자라고 하지만, 의외로 쇼펜하우어는 낙천적이고 웃음이 많은 사람이었다. 그의 글에는 유머가 묻어난다. 또한 세상의 현실에 밝은 사람이었다. 교양이 없는 부자가 얼마나 따분함에 시달리는지를 본인이 잘 알았다.
쇼펜하우어에 따르면 인생은 즐기는 것이다. 그는 사람마다 자신의 능력과 선호가 다르므로 각자의 취향을 고려해서 인생의 즐거움을 찾을 필요가 있다고 했다. 실제로 쇼펜하우어는 먹고 마시는 것을 즐거워하고 강아지와 산책을 하며 건강을 챙겼으며 클래식을 즐겨 들었다. 무엇보다 독서와 명상, 철학적 사고를 중요하게 여겼다는 점에서 인생의 즐거움을 제대로 알았다고 할 수 있다.

그런 쇼펜하우어가 말하는 행복의 핵심은 쾌락을 추구하는 것이 아니다. 인생을 즐긴다는 말의 의미를 잘못 이해하면 안 된다. 행복은 고통을 줄이고, 피하고, 견디는 것에 있다. '성공, 부, 명예 등을 얼마나 얻었는가'보다 '세상의 고뇌를 어떻게 바라보는가'의 관점이다.

이제부터 쇼펜하우어와 함께라면 인생이라는 항해에서 맞닥뜨리는 여러 고통은 '나'라는 배가 뒤집히지 않도록 하는 '바닥짐'이 될 것이다. 그리고 인생의 역경을 겪으며 깨지고 부서져 본 자신에 대한 믿음은 앞으로 펼쳐질 인생의 바다를 항해할 때 확고한 나침판이 될 것이다.

쇼펜하우어는 세계 수많은 거장의 철학자이자 현시대 우리에게 뼈가 되고 살이 되는 통찰과 지혜를 전하는 생활 철학자다. 자신이 인생을 살면서 겪은 번뇌를 향기롭고 지혜로운 언어에 담아 우리에게 방향성을 제시한다. 이 책은 쇼펜하우어를 대신해 마흔이 고통을 해소하고 마음의 위기를 다스리는 데 도움이 될 조언을 30가지로 정리했다. 책 전반에 등장하는 쇼펜하우어의 말들은 오해 없이 전하기 위해 독일어 원서에서 옮기며 다듬었다.

쇼펜하우어를 면면이 살피면서 염세주의 철학자로 알려진 그가 역설적으로 긍정주의자라는 것을 알게 됐다. 여러분도 이 책을 통해 쇼펜하우어를 새로운 시선으로 바라보고, 그의 철학과 조언을 발판으로 삶을 현명하게 영위하길 바란다.

차례

3장

무엇으로
내면을 채워야 하는가

쇼펜하우어의 행복

4장
어떤 사람으로
살아야 하는가
쇼펜하우어의 관계

5장

어디에서
행복을 찾아야 하는가

쇼펜하우어의 인생

1장

마흔,
왜 인생이
괴로운가

쇼펜하우어의 진리

삶은 전부
의지에 달려 있다

|고통|

"이 세상의 모든 생물은 살려는 의지를 충분히 갖고 있으나 이 의지가 충분히 만족되지 않기 때문에 산다는 것은 괴로운 것이다."

인생에서 가장 고통스러운 일은 무엇일까. 누군가에게는 지독한 가난일 수도 있고, 누군가에게는 고약한 고통일 수도 있으며, 누군가에게는 1분 1초가 아까울 만큼 두려운 죽음일 수도 있다. 염세주의 철학자로 불리는 쇼펜하우어에게 가장 큰 고통은 역설적이게도 삶에 대한 염증만큼 컸던 삶에 대한 애착이었다.

쇼펜하우어는 면도칼로 자신의 목을 벨지도 모른다는 불안감 때문에 이발사에게 면도를 시키지 않았다. 화재가 날까 봐 2층

방에서는 잠을 자지 않았으며 목숨을 지키기 위해 탄환을 넣은 권총을 침대 옆에 두고 잤다. 그의 나이 43세가 되던 1831년에는 베를린에 콜레라가 퍼지자 프랑크푸르트로 도망가다시피 했다.

"모든 인생은 고통이다."

40년을 넘게 살아온 사람이라면 쇼펜하우어의 깨달음에 공감할 것이다. 삶의 욕망 자체가 고통이라는 가르침을 불교에서는 '일체개고(一切皆苦)'로 표현한다.

모든 인간은 언젠가 죽기 마련인 존재다. 그러므로 욕망, 집착, 소유욕이 얼마나 헛된 것인지 알 필요가 있다. 명성, 권력, 지식 등은 내가 죽으면 다 부질없는 것이 되고 만다. 이 사실을 알고 우리가 욕망의 파도를 잘 다스리는 것이 마음의 행복을 얻는 출발점이다. 어두운 고통의 바다에서 눈을 뜨고 검은 파도를 들여다보라. 행복이라는 화려한 이름 뒤에 가려진 삶의 어두운 면을 들여다볼 수 있어야 한다. 인생의 심연을 직시할 수 있는 용기가 필요하다.

쇼펜하우어는 인생사가 고통의 연속인 이유를 살아남고자 하는 인간 본성의 욕망 때문이라고 했다. 그는 인간의 본성을 "삶에 대한 맹목적인 의지"로 보고, 영원히 살려는 맹목적인 욕망이 충족되지 않아서 인간이 고통을 피할 수 없다는 점을 밝혔다. 인간 본성의 욕망이 고통만 주는 것은 아니다. 고통과 함께 그 힘든 시간을 견디게 하는 힘 또한 삶에 대한 애착과 맹목적인 열망에서 나온다. 그래서 이런 욕망을 잘 다스릴 때 주체적으로 행복한 삶이 가능하다고 봤다.

살고자 하는 의지는
인간의 본능이다

삶에는 동전의 양면처럼 긍정적인 면과 부정적인 면이 동시에 있다. 잘 살고자 하는 욕구가 타성과 관성이라는 점에서 불행의 원인이 되지만 삶의 원동력이라는 점에서 행복의 조건이기도 하다.

인간은 이성과 본능 두 가지 면을 갖고 있다. 행복도 이 두 원리에 근거해서 주장됐다. 그리스 철학자 아리스토텔레스는 《니코마코스 윤리학》에서 인간이 살아가는 목적이 행복일 때 그것은 이성에 맞는 삶이라고 말했다. 그는 인간의 행복을 정의할 때 식물, 동물과 구분되는 인간의 고유한 기능, 즉 이성에 주목했다. 지혜로운 인간은 영혼의 탁월성이 있다고 했다. 즉 이성이 탁월하다는 뜻이다. 그리고 자신의 탁월성에 따라 이성을 최대한 발휘하며 사는 것이 잘 사는 법이라고 주장했다.

반면 행복에 대해 쇼펜하우어는 본능의 관점에서 환상이자 이룰 수 없는 망상이라고 봤다. 우리가 살아가는 모습은 마치 인생이라는 기차가 기관사(이성) 없이 삶에 대한 욕망(동력)에 이끌려 달려가고 있는 것과 같기 때문이다. 우리의 삶은 정신이 이끄는 것이 아니라 충동에 떠밀려 간다.

"개똥밭에 굴러도 이승이 낫다"라는 속담이 있다. 천하고 고생스럽게 살더라도 죽는 것보다 사는 것이 낫다는 삶에 대한 맹목적인 집착과 악착같은 욕망을 나타낸 말이다. 생명력이라는 게 얼마나 강인한지를 쇼펜하우어는《의지와 표상으로서의 세계》에서 식물에 비유한다.

"마른 씨앗은 3,000년 동안 생명력을 유지하다가 마침내 유리한 환경이 생기면 식물로 성장한다."

한번 움직이기 시작하면 계속 운동하려는 작용의 힘처럼 인간은 태어난 이상 이 세상에서 끝까지 남기를 바란다. 사는 것이 죽는 것보다는 나을 것이라는 막연한 믿음으로 하루하루 버티며 살아가는 것이다. 그래서 쇼펜하우어는 이 세계의 본질이 합리성이 아니라 '삶에의 의지'라고 말했다.

삶에 대한 애착과 잘 살고자 하는
욕망이 우리를 달리게 한다.

영원히 살고 싶은 인간의 마음은 죽음에 의해 좌절된다. 그래서 자신의 유전자를 보존하려고 사랑하고 결혼하여 아이를 얻지만, 그 결과는 완벽한 행복이 아니라 새로운 고통의 시작이다.

고통을 깨달아야
인생을 깨닫는다

마흔 이후부터는 인생에 대한 생각의 전환, 행복과 고통에 대한 발상의 전환이 일어난다. 쇼펜하우어처럼 행복을 위해 우리도 인생을 고통스럽게 만드는 원인이 무엇인지 성찰하고 고통을 줄일 수 있는 지혜를 갖출 필요가 있다.

쇼펜하우어의 인생은 40대 중반이 넘어서야 풀리기 시작했다. 쇼펜하우어에게 마흔은 견디기 힘든 고통을 인내하면서 넘어야 할 인생의 위기이자 전환점이었다. 그가 40대에 포기했다면 명성도, 행복도 누리지 못했을 것이다.

이 세상을 이해하는 데는 풍부한 경험뿐만 아니라 다양한 관점과 시각이 필요하다. 현상을 판단하고 이해하고 자양분으로 만들 수 있는 성숙의 조건이 최소 40년이다. 청춘은 지혜롭지 못하지만 무모한 용기가 있다. 이 질풍노도의 시기에 인생의 쓴맛을 겪고 나면 시선이 넓어지고 깊어진다. 마흔 이후 행복한 삶을 누리고 싶다면 경험과 지식을 쌓고, 자기 통찰을 거듭해야 한다.

마흔부터 쾌락의 양을 늘려 나가기보다는 고통을 줄여 나가는 방법이 더 현명해 보인다. 쇼펜하우어는 40대를 견디고 나서부터 70회 생일이 2년 지난 후 1860년 9월 21일 눈을 감을 때까지 행복한 시간을 보냈다. 사후에나 인정받을 줄 알았던 그의 책이 가치를 인정받고 사회적 명성을 얻은 덕분이다. 쇼펜하우어의 생전 마지막 모습은 행복한 기억을 떠올리는 듯 고통 없이 온화한 모습이었다고 한다. 마흔의 쇼펜하우어가 앞으로 누릴 행복을 전혀 예감하지 못했듯이 우리도 미래를 속단해서는 안 된다. 어쩌면 쇼펜하우어가 노년에 얻은 것은 명성과 부, 사회적인 인정이 아니라 내면의 깨달음, '삶의 지혜'였을 것이다.

S

인생은 우리가 영원히 고찰해야 하는 대상이다.

02

인간은 욕망하기 때문에
욕망할 이유를 찾는다

| 욕망 |

"인간은 무수한 욕망의 덩어리다."

인간은 생존에 필요한 식욕뿐만 아니라 수면욕과 성욕 등 기본 욕구가 충족되지 않을 때 견딜 수 없는 고통을 느낀다. 그리고 이 기본적인 욕망을 넘어 자기실현이라는 고차적인 욕망도 갖고 있다.

쇼펜하우어는 인간의 이런 욕망이 신체와 분리될 수 없다고 했다. 눈은 보려고 하고, 귀는 들으려고 하고, 입은 먹으려고 한다. 이렇듯 신체는 인간의 욕망에 대응한다. 또한 다양한 욕망은 위계가 있다. 가장 낮은 단계의 욕망이 성욕이라면 가장 높은 단계의 욕망이 사유다. 욕망의 덩어리인 인간이 이 양극단의 욕망을 잘 통제하여 균형을 이루는 것이 행복에 이르는 길이다.

인간은 구체적으로
욕망한다

쇼펜하우어는 세계의 본질이 "삶에의 의지"이며 인간은 신체 내부적으로 그 의지를 알게 된다고 했다. 신체는 인간의 보이지 않는 욕망을 가장 객관적으로 드러낸다. 즉 삶의 의지는 신체를 통해 객관적으로 발현되고, 신체 한 부위 한 부위가 욕망의 주체다.

"신체의 각 부분은 의지를 발현하는 주된 욕구와 완전히 상응해야 하며, 그런 욕구의 가시적 표현이어야 한다. 즉 치아, 목구멍, 장기는 객관화된 배고픔이고, 생식기는 객관화된 성적 욕망이며, 물건을 집는 손이나 재빠른 발은 그것들이 표현하는 이미 더 간접적인 의지의 노력에 상응(대응)한다."

아리스토텔레스가 소화 기관이 먹기 위한 목적을 위해 존재한다고 봤다면 쇼펜하우어는 먹으려는 의지가 소화 기관을 만들었다고 봤다. 눈은 보고자 하는 의지가 발현된 것이므로 대상을 보려는 욕망이 생겨나는 것은 당연하며, 신체의 각 부분도 의지가 나타내는 욕구와 완전히 일치한다는 것이다. 따라서 인간의 모든 욕망은 신체의 기능과 같이한다.

이런 이유로 쇼펜하우어는 인간이 이성적인 존재가 아니라 비이성적인 존재라는 점을 강조했다. 인간의 생각하는 능력은 신체의 일부분인 뇌의 기능에 따른 것이고, 인간의 정신이나 이성도 한낱 "욕망의 도구"에 불과하기 때문이다. 그러므로 인간의 욕망을 완전히 통제하는 일은 불가능하다.

욕망은 아무런 이유 없이 생각과 무관하게 생겨나는 경우가 많다. 욕망의 작용이 지성의 작용보다 먼저 일어나서다. 우리가 배고픔을 느끼는 이유는 맛있는 음식을 봤기 때문이 아니다. 먼저 배고픔을 느끼고 그 상태와 느낌을 충족할 대상을 찾는 것이다. 이렇듯 욕망은 외부 대상에 의해 결정되는 것이 아니다. 우리의 생각과 관계없이 통제할 수 없는 욕망이 끊임없이 생겨나는 것은 자연스러운 일이다.

쇼펜하우어는 욕망과 지성의 관계에 대해 그 당시 헤겔 같은 관념론자들이 인간의 본질을 이성, 정신, 의식으로 규정한 것을 오류라며 비판했다. 대신 의식의 내면에는 무의식적 의지, 집요한 생명력, 욕구의 의지가 우세하게 작용한다고 주장했다.

비유하자면 '절름발이(이성)'를 어깨에 메고 가는 힘센 '장님(의지)'처럼 의지는 욕구할 이유를 찾아서 욕구하는 것이 아니다. 욕구하기 때문에 욕구할 대상을 찾는다. 욕망이 합리적으로 좋고 나쁨을 선택하는 생각에 앞서 있기 때문에 인간은 자유롭게 선택할 수 없다. 본능이 지성보다 훨씬 우월하기 때문이다. 인간의 욕망이 신체적이라는 점은 죽을 때까지 생존을 위한 욕망을 충족해야 행복할 수 있다는 사실을 말해 준다.

욕망에는 선악이 없다

철학자 에피쿠로스는 인간의 욕구를 세 가지로 나눴다.

첫 번째, 자연스럽고 꼭 필요한 욕구.
먹을 것과 입을 것에 대한 욕구다. 충족하기 쉽지만 충족되지 않으면 고통을 야기한다.

두 번째, 자연스럽기는 하지만 꼭 필요하지는 않은 욕구.
성적 충족의 욕구다. 이 욕구는 첫 번째 욕구보다 충족하기가 좀 더 힘들다.

세 번째, 자연스럽지도 않고 꼭 필요하지도 않은 욕구.

사치, 호사, 부귀영화에 대한 욕구다. 이 욕구는 끝이 없고 충족하기도 어렵다.

진화론에 따르면 인간의 욕망은 환경에 따라 바뀌었다. 동시에 인간은 구석기 시대부터 살아남기 위한 정보를 몸에 남겨 두었다. 먹고 마시고자 하는 인간의 욕망은 선하지도 악하지도 않다. 비만은 건강에 좋지 않다는 것은 생각이고, 이와 별개로 지방은 생존을 위해서 반드시 필요하다. 인간이 생존을 위협하는 추위와 배고픔을 극복하는 방법은 지방을 몸에 축적하는 것이었다. 또한 인간의 이성은 환경과 피드백을 하며 만들어졌다. 그래서 많은 기억과 상처가 인간의 DNA에 기록돼 있다. 뇌도 생존하기 위해 환경에 따라 발전했다. 즉 지능은 생존 도구로서 발전해 온 것이다.

이 과정에서 후손을 남기는 것은 지극히 자연스러운 일이다. 진화 생물학자 리처드 도킨스의 저서 《이기적 유전자(The Selfish Gene)》에 따르면 자신의 DNA를 이 세상에 남기는 행위는 인간의 가장 큰 열망이다.

이런 최근의 이론과 비교할 때 쇼펜하우어의 욕망의 철학은 설득력이 있어 보인다. 인간의 욕망과 지능은 생존을 위해 끊임없이 업데이트해 온 것이다. 그렇다면 우리는 죽을 때까지 욕망의 굴레에서 벗어날 수 없다.

우리는 실제로 기본적인 욕구를 충족하기 위해 노력하면서 살고 있다. 직장에서 돈을 벌고 친구를 만나고 투자를 하는 이유도 기본적인 욕구를 채우기 위함이다. 이 욕망이 충족되지 않으면 자연스럽게 고통을 느끼는데, 이것이 바로 인간의 행복과 불행을 결정한다. 우리는 신체의 각 부분에 맞는 욕망이 적절히 충족됐을 때 만족할 수 있다. 죽음을 통해 신체를 완전히 떠날 때까지 우리는 의욕과 결핍의 고리에서 벗어날 수 없다는 사실을 알아야 한다.

인간의 욕망은 신체를 통해 '삶에 대한 의지'로 나타난다. 우리는 신체를 통해 '삶에의 의지'를 내부적으로 느낀다. 진화론과의 차이점이라면 쇼펜하우어는 인간의 욕망을 잘 다스려야 행복해진다는 입장이다. 특히 인간의 성욕을 지성으로 잘 제어할 때 맹목적인 삶의 의지에 휘둘리는 일이 없다고 한다. 의지의 외적인 자극에서 자유로워야만 행복해질 수 있기 때문이다.

$\mathcal{S}$

욕망을 자각하지 않으면
고통이 꼬리에 꼬리를 물고 일어날 것이다.

03

인생은 고통과 권태를
왔다 갔다 하는 시계추

| 과잉 |

"삶은 진자처럼 고통과 무료함 사이를 왔다 갔다 하는데, 사실 이
두 가지가 삶의 궁극적인 요소다."

쇼펜하우어는 불행의 두 가지 원인으로 고통과 권태를 꼽는
다. 가난한 사람은 돈이 없어서 고통에 시달린다면, 돈이 많은
사람은 넘쳐나는 돈을 어떻게 사용해야 할지 몰라서 삶에 권태
를 느낀다는 것이다. 쇼펜하우어는 이렇게 설명했다.

"인간의 행복을 가로막는 두 가지 적수가 고통과 무료함인데,
우리의 인생이란 이 두 가지 사이를 오가는 것이라고 할 수 있

다. 외적으로는 궁핍과 결핍이 고통을 낳는 반면 안전과 과잉은 무료함을 낳는다. 따라서 하층 계급 사람들은 궁핍의 고통과 끊임없이 싸우는 반면 부유하고 고상한 세계의 사람들은 무료함을 상대로 싸움을 벌인다."

행복과 불행은 객관적인 대상이 아니라 인간의 변덕스러운 감정에 달려 있다. 없으면 없다고 불평불만하고 많으면 많다고 지겨워하는 것이 인간의 심리다. 결핍은 고통이고 과잉은 무료함이다. 인간에게는 배고픔도 고통이지만 포만감 또한 불쾌다.

"모든 의욕의 기초는 결핍, 부족, 즉 고통이다. 인간은 이미 근원적으로 또 그 본질로 인해 이미 고통의 수중에 들어 있다."

욕망의 최대 만족과
최대 결핍

《행복에 걸려 비틀거리다(Stumbling on Happiness)》의 저자인 하버드대학교 심리학과 대니얼 길버트 교수는 2,250명을 대상으로 언제 가장 행복한지 뇌의 상태를 촬영하여 발표했다. 그 결과 뇌가 집중할 때 행복하다고 느끼는 반면 휴식할 때 불행하게 느낀다고 발표했다.

길버트 팀의 연구 결과, 열심히 일에 집중할 때, 운동할 때, 마음이 맞는 사람과 이야기를 나눌 때 높은 수치의 행복 호르몬이 나왔다. 반면 휴식을 취하거나 부정적인 생각, 미래에 대한 걱정, 불쾌한 경험을 기억할 때 스트레스 지수가 높아졌다. 이 연구 결과는 이 세계의 본질이 끊임없이 살려고 노력하는 의지이며, 의욕과 노력은 동물과 인간 전체의 본질이기 때문에 권태가 불행의 원인이라는 쇼펜하우어의 주장을 뒷받침한다.

욕망이 충족되지 않은 상태의 인간이 불행한 것은 당연하다. 그러나 의욕이 너무 쉽게 충족되어 욕망의 대상이 제거되면 인간은 무서우리만큼 공허와 무료감에 빠진다. 따분함은 감당하기 힘든 짐이 된다. 고통과 권태라는 양자택일 앞에 놓여 있는 인간은 불행할 수밖에 없다. 욕망의 최대 만족은 권태이고 욕망의 최대 결핍은 고통이다. 그런데 인간의 감정은 왕복 운동을 하는 시계추처럼 지속적이지 않고 유동적이다. 따라서 영원한 충족과 행복감은 없다.

우리가 뷔페에 가면 처음에는 그 식당의 모든 음식을 먹을 수 있을 것 같은 자신감이 든다. 그러다 점점 허기를 채울수록 포만감이 생기고, 결국 마지막에 배가 꽉 차면 '이곳의 생선은 맛

고통과 무료함 사이에서
우리는 행복하기 위해 노력하고 있다.

이 별로네', '고기에서 냄새가 난다'는 말도 한다. 사람은 배가 고플 때와 배가 부를 때가 다르다.

인간관계도 마찬가지다. 외로운 모태 솔로는 다른 사람과의 만남을 원하기도 한다. 그래서 처음 만나는 사람과 신선하고 설레는 마음으로 대화를 나누며 좋아한다. 반대로 이성에게 너무나 인기가 많은 사람, 예를 들어 카사노바 같은 사람도 나름의 고통이 있다. 사람을 만나면 만날수록 무료함과 따분함을 느끼기 때문이다. 모태 솔로는 이성과 함께하길 원하지만 바람둥이는 어장 관리에 힘든 생활을 하고 있다.

지나침과 미치지 못함은 같다

이렇듯 욕망이 완전히 채워져서 행복의 가장 이상적인 상황에 있다고 해도 이 세상에는 셀 수 없는 고통이 남아 있고, 모든 어려움이 없어져도 권태는 결핍의 고통만큼 견디기 어렵다. 쇼펜하우어는 말했다.

"인간이 모든 고뇌와 고통을 지옥으로 보내 버린 천국에는 무료함밖에 남아 있지 않다."

사람은 꿈을 이루고 성공하고 싶어 한다. 그런데 역설적으로 꿈을 이루고 성공할수록 권태에 빠져드는 것을 피할 수 없다. 이를 증명하듯이 크게 성공한 부자들 가운데 인생의 따분함을 견디지 못해 스스로 세상을 떠나는 사람도 있다.

한계 효용 체감의 법칙이라는 경제학 용어가 있다. 이 법칙은 어떤 사람이 동일한 재화나 서비스를 소비함에 따라 느끼는 주관적인 만족도 혹은 필요도가 점차 감소한다는 의미다. 아무리 맛있는 음식도 계속 먹으면 질리는 것처럼 한계 효용은 반복할수록 점차 줄어든다. 따라서 돈이 행복의 조건이라고 해도 반드시 액수에 비례하여 행복감이 증가하지 않는다.

일반 시민에게는 1,000만 원이나 1억 원이나 모두 큰돈이다. 하지만 돈을 써도 잔고의 앞자리가 바뀌지 않는 큰 부자들에게는 비슷한 느낌의 액수다. 진짜 부자는 자신이 돈을 얼마나 갖고 있는지 모르는 사람이다. 그만큼 돈에 행복의 가치를 두지 않는다는 것은 돈의 가치가 사실상 큰 역할을 하지 않는다는 뜻이다. 특히 큰 노력 없이 경제적인 부를 가졌다면 풍요 속의 공허함은 견딜 수 없다.

내면의 공허감이 클수록 기분 전환을 위해 바깥의 일에 모든 것을 집중하여 외적인 자극을 갈망한다. 경제적인 자립을 이루고 나면 찾아오는 권태감, 지루함의 원인은 내면에 있다. 양극단의 불행감을 무한히 왔다 갔다 반복하는 인생에서 부자든 빈자든 불행을 피할 수 없다. 쇼펜하우어는 부자와 빈자를 두고 이렇게 표현했다.

"곤궁이 민중의 계속적인 재앙이듯이, 무료함은 상류 사회의 재앙이다."

"고통과 무료함은 한쪽이 멀어질수록 다른 쪽이 다가온다"라는 쇼펜하우어의 말처럼 이런 길에 빠지지 않도록 지켜야 하는 것이 내면의 풍요와 정신의 풍요다. 풍부한 상상력, 두뇌 활동력이 뛰어난 사람은 전혀 무료함과 따분함을 느끼지 않는다. 그는 말한다.

"정신이 풍요로워질수록 내면의 공허가 들어갈 공간이 줄어들기 때문이다."

우리는 욕구의 결핍과 욕구의 과잉을 피해야 한다. 양극단은 불행이다. 결핍과 과잉의 중간을 택해야 한다. 현명한 사람은 행복과 불행의 원인을 바깥에서만 찾지 않고 자신의 안에서 찾는다. 자신의 고뇌를 객관적인 조건 탓으로 돌리지 않고 고뇌를 바라보는 자신의 관점을 바꾸려고 노력하면서 해결 방법을 찾는다. 그리고 무료함의 근원인 내면의 공허를 극복하기 위해 외적인 자극 대신 내적인 풍부함을 추구한다.

요즘 누구나 경제적인 자립을 원하며 성공과 행복을 꿈꾼다. 그러나 쇼펜하우어의 지적처럼 과잉 충족은 불행의 시작이 되기도 한다. 너무 많은 것을 갖기 위해서 자신의 전부를 쏟아붓기 전에 욕망의 양극단에는 불행이 있다는 것을 생각할 필요가 있다. 그리고 끊임없는 공부와 사색, 통찰로 욕망을 잘 다스려야 한다.

쇼펜하우어가 말하는 행복한 사람이란, 다른 사람에게 손 벌리지 않을 정도의 재산이 있고 여가 시간을 누릴 수 있는 뛰어난 정신력을 지닌 자다. 우리도 행복을 위해서는 물질적인 결핍이 없어야 할 뿐만 아니라 권태, 따분함, 지루함을 충분히 견딜 수 있는 지혜가 필요하다.

S

고뇌는 한쪽 원인에서 멀어질수록
다른 쪽의 원인과 가까워진다.

의도적인 배척도
필요하다

| 결핍 |

"성취된 소망은 인식된 오류고, 새로운 소망은 아직 인식되지 않은 오류다."

인간은 "무수한 욕망의 덩어리다". 매일 새로 생기는 요구에 시달리며 힘겹게 살아간다. 막상 욕망이 충족되면 무덤덤해지면서 새로운 욕망이 생겨나기 때문이다. 즉 '기기 변경'의 욕망이 생기는 것이다. 인간관계든 직장이든 뭔가 새로운 것에 대한 호기심, 흥미, 관심이 생긴다. 그 새로운 것에 무감각해지면 또 새로운 것을 찾아 나선다.

'너더더(more and more)'라는 새로운 욕망은 불충족인 경우도 있지만 이미 충족된 상태에서 기인한 권태감일 수도 있다. 휴대폰이나 자전거 또는 차량을 바꾸고 싶은 마음은 오래 사용한 제품에 대한 싫증일 수도 있지만 알지 못하는 미지의 것에 대한 욕망일 수 있다는 뜻이다.

이런 욕망을 쇼펜하우어는 변신의 신 프로테우스에 비유한다. 프로테우스는 모습을 자유자재로 바꿀 수 있는 변신술을 갖고 있다. 프로테우스가 자신의 모습을 자유롭게 바꾸는 것처럼 인간의 욕망도 늘 새로운 것을 찾아 거듭 변신한다. 새로운 것에 대한 욕망은 변하지 않는 본질보다 화려한 겉모양에 속는 인간의 어리석음을 보여 준다. 쇼펜하우어는 꼬집어 말했다.

"모든 것이 그럴듯하게 보이는 것이 목적이다."

변화하는 조건에 의존하는 행복은
오래가지 않는다

욕망은 충족하기 어렵지만 막상 충족되면 그 대상에 대해 무관심해지거나 무덤덤해지는 일이 많다. 만족하는 시간이 그렇게 길지 않다는 뜻이다. 인간의 동기는 완전한 충족을 원한다. 하지만 갈증이 해소되자마자 동기는 곧 다른 모습으로 나타나 새로운 욕망을 만들어 낸다. 결핍에 따른 고통 때문에 욕망의 충족을 추구하지만, 막상 채워지면 당연하게 여기고 다른 새로운 것에 결핍을 느낀다. 이것은 부자나 빈자나, 성공한 사람이나 실패한 사람이나 똑같이 나타난다. 자신이 갖고 있는 가치를 망각하는 것이다.

새로운 것에 대한 호기심은 외적인 것에 행복의 가치를 두기 때문에 일어난다. 끊임없이 새로운 사건, 새로운 물건, 새로운 사람 등에 흥미를 느끼는 것은 자신의 내적인 행복감이 부족하다는 뜻이 된다. 변화하는 대상에서 찾는 행복이란 오래가지 않는다. 그럼에도 인간의 욕망은 늘 새로운 것을 향해 있다.

쾌락의 선호도는 수시로 바뀔 수 있어서 무한한 욕망 가운데 하나의 욕망을 채워서는 결코 진정한 만족감을 얻지 못한다. 게다가 실현된 욕망이 새로운 욕망을 불러일으키는 악순환이 무한히 계속되면서 사람은 불행에 가까워진다. 결핍과 만족을 무한히 반복하는 인간의 변덕스러운 욕망은 결코 채워질 수 없다.

욕망을 잘 다스리지 못하면 불행해지기 마련이다. 자신이 그토록 갖고 싶었던 것을 성취하자마자 새로운 대상을 찾아나서는데 고단하지 않을 리가 없다. 행복의 가치를 외부에 두고 외적인 자극을 추구하면 결코 내적인 부족함을 채울 수 없다. 늘 새로운 것을 찾는 경향을 하이데거는 '호기심'이라고 비판한다.

현대인의 퇴락한 모습이 바로 이런 호기심에서 생겨난다. 세상은 늘 변하고 새로운 것이 탄생하고 기변의 욕망을 분출한다.

그런 호기심은 단순히 새로운 것을 경탄하면서 관찰하기 위한 호기심이 아니라 새로운 것으로 바꿀 때의 초조와 흥분 때문에 보일 뿐인 호기심이라는 지적이다. 호기심은 피상적으로 '알아 두기 위한 앎'일 뿐이다. 새로운 것을 찾는 사람은 어디에도 안착하지 않고 이곳으로 쏠렸다가 또 금방 다른 곳으로 쏠려가는 '무정주성(無定住性)'이다.

긍정적인 호기심과
부정적인 호기심을 구분하라

새로운 것에 대한 호기심이 나쁜 것만은 아니다. 한편으로는 자신의 결핍을 인식하고, 그 결핍된 공간을 채웠을 때 안도감을 주기도 한다. 또한 호기심은 자발적인 탐구의 동기를 제공하기도 한다.

로체스터대학교 사회 심리학과 교수 에드워드 데시는 "호기심이 새로움과 도전 과제를 찾고, 자신의 능력을 확장하고 발휘하기 위해 늘 탐구하고 배우려는 인간 고유의 동기도 반영한다"라고 주장했다. 즉 긍정적인 경험을 만들기 위해 호기심을 발휘

한다는 것이다.

독일 콘스탄츠대학교 심리학과 교수 브리타 레너의 이론에서 비롯된 사회적 호기심은 다른 사람의 생각과 행동을 이해하기 위해 말하고 듣고 관찰하는 것을 의미한다. 사회적 동물인 인간은 타인에 대한 정보를 얻어 그가 친구인지 적인지 판별한다. 정보를 얻기 위해 어떤 이들은 심지어 염탐하고, 엿듣고, 험담할 수도 있다.

문제가 되는 호기심은 외부로부터 끊임없는 자극을 추구하는 방식이다. 이런 호기심을 추구하는 사람들은 다양하고 복잡하고 강렬한 경험을 얻기 위해 물리적, 사회적, 금전적 위험을 감수하려는 의지를 보인다. 자극을 추구하는 성향이 있는 사람은 새로운 것에 대한 불안을 완화하기보다 오히려 증폭시키려 한다. 새로운 것에 대한 호기심에는 사람의 말초 신경을 자극해 중독으로 이끄는 위험이 따르기도 한다. "호기심이 고양이를 죽인다(Curiosity killed the cat)"라는 영어 속담이 있는데, 뭔가에 지나친 호기심을 보이다가 위험을 겪을 수 있다는 뜻이다.

요즘에는 신상품에 대한 정보가 실시간으로 인터넷에서 광고된다. SNS로 소통하는 사람들은 신상품을 마케팅하며 자신의 모습을 보여 주는 경우가 많다. 이때 자극을 추구하는 사람은 새로운 제품을 사지 않으면 다른 사람에게 뒤처지는 듯한 열등감이 있어서 구입한 지 얼마되지 않은 핸드폰, 차, 자전거 등을 팔고 새로 사려고 한다.

계속 새로운 것을 찾는 것, 새로운 사람을 만나는 것, 새로운 사랑을 원하는 것은 행복의 길이 아니다. 밖에서 새로운 것을 찾지 말고 원래 갖고 있던 것의 가치를 되새겨 봐야 된다. 중요한 것은 인간의 마음속에 있다. 즉 세상을 바라보는 일관된 시야, 마음가짐, 태도다. 오히려 자신 안에 행복의 가치를 둔다면 지속적이고 안정적인 만족감을 느낄 수 있다. 인간의 본성은 쉽게 변하지 않기 때문이다. 그런 관점을 늘 새롭게 유지하려는 것이 문제가 되는 호기심을 줄일 수 있는 방법이다.

S

성공하고 싶다면 원하는 바를 가져라.
행복하고 싶다면 가진 것을 즐겨라.

욕망은
필연이다

｜충족｜

"의욕의 주체는 영원히 애타게 갈망하는 탄탈로스와 같다."

쇼펜하우어는 인간의 욕망이 '채울 수 없는 갈증'이라는 점에서 탄탈로스와 비슷하다고 본다.

제우스의 아들 시필로스의 왕 탄탈로스는 신들이 사는 올림포스에 식사 초대를 받았다. 탄탈로스는 신들의 음식인 넥타르와 암브로시아를 훔쳐 발각됐다. 이를 괘씸하게 여긴 제우스는 탄탈로스를 지옥으로 떨어뜨린다. 물을 마시려고 하면 물이 마르고, 과일을 따 먹으려 하면 가지가 물러나서 그는 영원한 굶주림과 갈증에 시달린다.

인간은 탄탈로스의 운명처럼 목마름을 완벽하게 충족할 수 없기 때문에 불행할 수밖에 없다. 쇼펜하우어는 말한다.

"모든 의욕은 욕구에서, 즉 결핍이나 고뇌에서 생긴다. 이 욕구는 충족되면 끝난다. 그러나 하나의 소망이 성취되더라도 열 개의 소망은 이뤄지지 않고 남는다. 더군다나 욕망은 오래 지속되고, 요구는 끝없이 계속된다. 즉 충족은 짧은 시간동안 불충분하게 이뤄진다. 의욕한 대상을 얻지 못하면 확고하고 지속적인 충족은 얻을 수 없다. 이는 마치 거지에게 늘 던져 주는 적선이 오늘 그의 목숨을 이어 주어 고통을 내일까지 연장시키는 것과 같다."

두려움과 희망의
근원은 같다

우리의 욕망의 만족은 계속 미뤄지고 있다. 우리의 의식이 의지에 사로잡혀 있는 한, 우리가 끊임없는 희망과 두려움으로 여러 충동에 내몰려 있는 한, 우리가 의욕의 주체인 한, 우리에게는 결코 지속적인 행복이 주어지지 않는다. 아무리 욕망을 충족해도 채워지지 않는 탐욕이 성취보다 더 많기 때문이다. 충족된 욕망은 한정돼 있지만 충족되지 못한 욕망은 훨씬 더 많이 남아 있다. 이뿐만 아니라 그 욕망의 충족도 잠정적인 것이다.

원하는 것을 얻고 나면 곧 싫증이 나고, 늘 똑같은 갈증을 느끼며 삶을 갈망할 것이다. 쇼펜하우어는 그리스 신화에 등장하는 다나이데스 자매의 비극을 언급한다. 다나이데스 자매는 그리스 신화에 나오는 아르고스 왕 다나오스의 50명의 딸로, 결혼하고 첫날밤에 각자의 남편을 죽인 죄로 지옥에서 밑 빠진 독에 물을 가득 채우는 벌을 받는다. 쇼펜하우어가 "다나이데스 자매가 밑 빠진 독에 끊임없이 체로 물을 퍼 올리는 것"에 비유한 이유는 그 행위에 끝이 없기 때문이다. 즉 욕망을 채우기 위한 행동은 결국 목적을 달성하지 못한다는 얘기다.

욕망이라는 갈증을
해소하는 방법

밑 빠진 독에 물을 붓는 것처럼 인간의 욕망이 끝이 없는 이유는 매슬로우 욕구 5단계설로 설명할 수 있다. 1단계 욕구는 살아가는 데 가장 기본적으로 필요한 욕구로 의식주, 수면 욕구 등이다. 2단계 욕구는 안전에 대한 욕구로 위험에서 벗어나고 싶은 마음이다. 3단계는 소속감과 애정에 대한 욕구로 연애

인간의 욕심은 끝이 없고 같은 실수를 반복한다.

하고 사랑하고 싶은 마음이다. 4단계는 존경의 욕구로 명예, 권력, 성취에 대한 욕구다. 마지막 5단계는 자아실현의 욕구로 자신의 잠재력을 극대화하려는 욕구다.

쇼펜하우어도 욕망의 여러 단계에 대해 언급했다. 가장 중요한 것은 생존이 가능한 건강이다. 살아 있어야 연애도 하고 결혼도 하면서 잠시 행복의 착각 속에 빠져든다. 명예와 권력의 욕구는 타인의 마음에 비쳐서 만들어지는 것으로 허영이라며 비판한다. 자기실현의 욕망은 교육과 교양을 통해 반드시 실현해야 할 최고의 가치로 봤다.

프랑스의 정신 분석가인 자크 라캉은 인간의 욕망이 잃어버린 실재계를 향해 있기 때문에 인간이 불행할 수밖에 없다고 했다. 그 이상적인 상황을 일컫는 '주이상스'는 갓 태어난 아기가 엄마의 품 안에서 수유를 받는 것에 비유되는데, 성인이 되면 죽을 때까지 그런 행복감을 느끼지 못한다고 한다.

채워도 채워도 충족을 모르고 결핍을 느끼는 대상은 명예, 돈, 권력, 출세, 성공 등 셀 수 없이 많다. 마치 밑 빠진 독에 물을 붓듯이 인간의 욕망은 끝이 없다.

최근 경제적인 자유를 얻기 위해 무리하게 빚을 내서 투자를 하는 사람이 많았다. 내박을 노리다가 쪽박을 차는 경우도 많왔다. 주식과 비트코인의 상승과 하락을 보면 사람들이 이성보다 광기에 지배받는 것처럼 보였다. 주식 토론방에서 종목을 추천하는 사람이 사기를 쳐서 많은 사람이 손해를 보는 사례도 있었다. 모두 인간의 탐욕을 보여 주는 예다. 한 방에 부자가 되고 싶은 인간의 절박한 심정을 보여 준다. 권력에 탐닉한 정치인들은 자신의 현재 지위에 만족하지 않고 최고의 권력을 꿈꾼다. 낮은 단계의 욕망은 그나마 충족이 쉬워도 높은 욕망, 인정과 존경과 같은 높은 가치는 혼자서는 성취할 수 없다. 이렇듯 인간은 무한한 욕망의 늪에 빠져든다.

가지면 더 갖고 싶은 것이 인간의 마음이다. 하지만 죽을 때까지 다 쓰지 못하거나 죽을 때까지 다 갖지 못한다. 인간의 욕망이 끝없는 목마름과 같이 영원히 충족할 수 없다면 불행할 수밖에 없다. 그것을 충족시키기 어렵다면 욕망의 크기를 줄일 필요가 있다.

풍족하지 않으면 궁핍해서, 풍족하면 권태로워서,
끝없는 욕망을 채우지 못해서 시달리는 것이 인간이다.

06

행복하게 산다는 것은
고통을 견딘다는 것이다

| 행복 |

"하나의 고통은 열의 쾌락에 맞먹는 힘을 가졌다."

고통의 힘이 쾌락의 힘보다 더 강하다. 쇼펜하우어에 따르면 모든 쾌락과 행복은 소극적인 성질을 띠는 반면 고통은 적극적인 성질을 띠기 때문이다. 인간은 행복은 잘 모르지만 불행은 잘 인지한다. 그래서 부와 명예를 가졌을 때는 그 가치를 모르다가 그것이 사라지면 비로소 소중함을 깨닫는다. 건강도 마찬가지다. 우리는 건강은 잘 느끼지 못하지만 고통은 잘 알아차린다. 몸에 작은 상처만 나도 그 통증이 신경 쓰여 불쾌해지기 마련이다. 가령 건강한 위의 상태는 느끼지 못하지만 위에 염증이 생겼을 때는 분명하게 고통을 느낀다. 충치의 고통은 느껴도 나머지 건강한 치아는 느끼지 못한다.

우리나라에 "든 자리는 몰라도 난 자리는 안다"라는 속담이 있다. '들어온 사람은 티가 안 나지만 나간 사람의 빈자리는 크다'는 뜻이다. 행복도 마찬가지다. 자신이 갖고 있을 때는 모르다가 막상 잃게 되면 알게 되는 것이 진정한 행복이다. 그래서인지 인간은 행복감에 취하기보다 불행감에 더 휘둘리는 일이 많다.

당연한 것은
세상에 없다

행복은 꿈이지만 고통은 현실이다. 쇼펜하우어의 행복론은 쾌락의 적극적인 추구가 아니라 고통의 감소 또는 결핍의 지양이라는 소극적인 입장이다. 충치가 생겼을 때는 다른 치아를 관리하기 전에 그 충치부터 치료해야 한다는 뜻이다.

행복이 소극적인 성질인 이유는 결핍을 충족한 상태이기 때문이다. 그래서 결핍을 지양하는 것 이상으로 행복할 수는 없다. 많은 장애물을 넘어선다고 해도 원래 그 자리에 있는 것과 같다. 반대로 고통이 적극적인 이유는 소유물이나 건강처럼 우리가 늘 당연하게 여기는 것들은 갖고 있을 때는 모르다가 잃고 나서야 그 가치를 절실하게 느끼기 때문이다. 따라서 영원히 지속하는 행복은 있을 수 없다. 다만 상실 이후의 회복으로써 순간의 행복이 있을 뿐이다.

쇼펜하우어는 아리스토텔레스의 명제를 살아가는 데 최고의 지혜이자 원칙으로 들었다.

"현자는 쾌락이 아니라 고통이 없는 상태를 추구한다."

이렇듯 고통의 원인을 먼저 없애는 것이 쾌락을 찾는 것보다 더 현명하다. 불행의 두 가지 원인인 고통과 권태에 직면할 때, 아리스토텔레스의 말처럼 적극적인 행복을 추구하기보다 소극적인 행복을 추구하는 것이 낫다.

쾌락과 고통은 그 자체로 존재하는 것이 아니라 인간의 생각과 관련된다. 큰 즐거움은 의외로 잘 느껴지지 않는 경우가 있지만 사소한 고통은 늘 의식되면서 기억에 오래 남는다. 모든 일이 잘 진행되더라도 하나의 일이 꼬이면 그것에만 온 신경이 집중되어 다른 일은 잊게 되는 경우도 마찬가지다. 이렇듯 사람은 고통에는 매우 민감하면서도 쾌락에 대해서는 당연하게 여긴다.

특히 건강은 더 그렇다. 아침에 일어나서 건강한 몸의 상태는 잘 느껴지지 않는다. 상쾌한 기분, 튼튼한 위, 가벼운 발걸음에 감사하는 사람은 거의 없다. 건강은 모르고 지나가다가 질병을 얻으면 뒤늦게 소중함을 알게 된다. 위암에 걸려서야 비로소 위가 그동안 얼마나 열심히 음식물을 소화하기 위해 애썼는지 알게 된다. 재물도 잃어 봐야 그 가치를 알고, 인간관계도 깨져 봐야 그 소중함을 안다.

이처럼 쾌락보다 고통의 지속도와 강도가 훨씬 더 강하기 때문에 쾌락을 추구하기보다는 고통을 줄이는 데 힘쓸 필요가 있다. 환상과 같은 향락을 좇지 말고 결핍, 질병, 위험 등 현실의 고통의 원인을 먼저 없애야 한다.

행복에 가까워지는 확실한 방법

행복한 인생을 결정짓는 진정한 가치는 고통을 잘 견뎌 내는 인내력에 있다. 세상에서 가장 큰 행복을 누리는 사람은 역설적으로 덜 불행하게 살 수 있는 용기가 있고, 고통을 그럭저럭 견뎌 내면서 하루하루를 묵묵히 살아가는 사람이다. 어떤 사람이 행복한지 평가하는 기준은 성공, 부, 성취, 출세가 아니라 정신적으로 육체적으로 겪는 고통의 정도다. 따라서 지금 고통이 없다면 지상에서 가장 큰 행복을 누리는 셈이다. 세상에 대해 큰 기대를 하지 않으면, 무엇인가 가지려고 질주하지 않으면 괴로운 일은 막을 수 있다.

열 가지의 행복을 추구하지 말고 한 가지의 고통을 피하도록 해야 된다. 소극적인 행복론의 핵심은 고통의 원인을 최소화하는 것이다. 즉 쾌락을 적극적으로 추구할 것이 아니라 고통을 줄여 나가는 것이 행복을 위한 일이다. 특히 건강에 대해서 병을 예방하는 일이 쾌락을 추구하는 일보다 더 중요한 것은 말할 필요가 없다.

$\mathcal{S}$

마흔 이후 먼저 챙겨야 할 것들을 생각해 보라.
소중함을 깨닫게 됐을 때는 이미 늦은 것이다.

2장

왜
있는 그대로
인정해야 하는가

쇼펜하우어의 자신

행복과 불행에 대한
관점을 바꿔라

| 성격 |

"선량하고 온화하고 부드러운 성격을 지닌 사람은 몹시 궁핍한 상황에서도 만족을 느낄 수 있다. 하지만 인색하고 시기심 많고 못된 성격을 지닌 사람은 아무리 거대한 부를 쌓아 올려도 만족을 느끼지 못한다."

최근 인간의 성격을 16가지로 구분하는 MBTI가 유행했다. MBTI는 융의 심리 이론을 기반에 둔 성격 유형론이다. 모든 유형론이 그렇듯이 16가지로 인간의 유형을 모두 설명하기는 어렵다. 하지만 성격의 발달이 인간의 행동에 어떤 영향을 미치는지 설명하는 데는 의미가 있다.

융보다 앞서 성격을 기질로 구분한 학자는 기원전 5세기 히포크라테스다. 그는 인간의 기질을 네 가지로 나눴다. ① 혈액(다혈질): 활달한 기질, ② 점액(점액질): 냉담한 기질, ③ 흑담즙(우울질): 슬프고 생각에 잠기는 기질, ④ 황담즙 (담즙질): 흥분을 잘하고 성급한 기질이다.

이런 이론들은 한 개인이 여러 유형에 속할 수 있다는 점에서 한계가 있다. 타고난 성격이 그 사람의 일생을 결정한다고 생각해선 안 된다. 그것은 이미 운명이 결정됐다는 의미이기도 하다. 타고난 성격이 변하지 않는다고 가정하면 우리가 아무리 노력해도 행복과 불행이 미리 결정되어 인생이 바뀔 수 없다.

기질 속에
나의 길이 있다

고통은 어디에나 있어서 하나의 고통이 사라지면 다른 고통이 들어온다. 고통은 꼬리를 물고 등장하는 법이어서 피할 수가 없다. 대신 다른 새로운 걱정거리가 생겨도 그것이 들어올 자리가 없다면 고통으로 지각되지 않는다.

쇼펜하우어도 인간의 성격이 변화하지 않는다는 입장이다. 인간의 행동 방식이 바뀌어도 성격이 바뀌는 것은 아니라는 주장이다. 성격과 기질은 본래 인격에 속하기 때문이다. 성격은 인간 개개인이 가진 독특한 특성이다. 쇼펜하우어는 인간은 외모나 체형이 부모를 닮듯이 성격도 부모를 빼닮는다고 봤다. 지성은 어머니로부터 물려받고, 의지(성격)는 아버지로부터 물려받는다. 따라서 개인의 성격은 타고난 기질에 좌우된다. 특히 행복을 느끼기 위해서는 명랑한 마음이나 활기가 결정적이다.

또한 쇼펜하우어는 행복과 불행이 인간이 타고난 성격에 의해 결정된다고 주장했다. 그는 타고난 기질과 성격은 불변하며 우리의 행복감과 불행감에 지속적인 영향을 끼친다고 했다. 낙천적인 사람은 세상에서 더없는 행복을 누리고, 할머니가 우울증에 걸리고 아버지가 자살한 쇼펜하우어처럼 우울한 사람은 염세주의자가 된다는 관점이다.

그의 말대로라면 행복과 불행은 이미 운명처럼 정해져 있다. 부유한 사람이든 가난한 사람이든, 성공한 사람이든 실패한 사람이든 상황에 관계없이 타고난 성격에 의해 행복과 불행이 결정될 것이다.

모든 개인은 각자의 본성에 의해 고통의 양이 결정돼 있다. 따라서 고통과 행복은 외적인 상황에 좌우되지 않고, 오직 본성의 척도와 개인적 소양에 의해 결정된다. 그릇이 큰 사람은 상대적으로 많은 고통을 견딜 수 있지만 그릇이 작은 사람은 작은 고통에도 불평불만을 한다.

성격은 타고난 기질뿐만 아니라 고통을 수용하는 능력도 포함한다. 사물을 인지하고 식별하고 기억하고 사고하는 작용뿐만 아니라 고뇌 또는 안녕함의 감정에서도 주관적인 부분이 매우 크다. 그때그때 신체 상태에 따라 고통도 증감될 수 있지만, 전체적으로는 동일하다. 모두 기질 때문이다.

그래서 우리에게 고통을 주는 특정한 외적 조건이 제거되면 만족스러워질 것이라는 생각은 착각이다. 고통은 가득 채워지지도 않고 계속 비워지지도 않고 일정한 양으로 유지된다. 그래서 주관적으로 느끼는 불행감이 지속된다. 행복 또한 그 사람의 타고난 마음의 크기에 따라 달라진다.

인간의 행복을 좌우하는 가장 중요한 요소가 성격이라고 할 때, 개인은 자신의 성격을 바꿔서 새로운 사람으로 거듭나는 일이 불가능하다. 인간은 자신의 자유 의지에 따라 행동한다고 착각하지만 실제로는 자신의 성격에 지배받는다. 인간은 태어나서 죽을 때까지 자신이 싫어하는 성격을 버리지 못하고 같은 일을 계속 반복하는 데 환멸을 느낀다.

모든 행위는 자기 본성의 동기에 따라 이뤄진다. 성격의 변주곡에 불과하다. 동일한 성격이 수백 가지의 다양한 인생 행로로 나타날 수 있지만, 결국 성격에 규정된 인생의 행로를 갈 뿐이

낙관적인 사람은 고난에서 기회를 보고
비관적인 사람은 기회에서 고난을 본다.

다. 인간의 자유로운 선택도 이런 성격에 지배를 받고 있다.

고쳐 쓰지 못하면
바꿔 쓸 수 있다

성격이 체형처럼 한 번 정해지면 본성상 쉽게 바뀔 수 없다고 할 때 행복 또한 개인의 타고난 기질에 지나치게 결정된다는 점은 문제가 있다. 이런 성격이 바뀌지 않는다면 인간이 세상을 바라보는 관점도 변하지 않기 때문에 당연히 행복과 불행에 대한 관점도 바뀌지 않게 된다.

그리스인은 성격이 풍습에서 만들어진다고 했다. 그러므로 인간이 타고난 성격이나 소질을 계발하고 발전시켜야 한다고 주장했다. 쇼펜하우어도 타고난 성격이 평생 바뀌지 않는다고 전제하면서도 교육 등 노력에 의해서 성격의 후천적인 개선과 변화가 가능하다고 봤다. 우리의 성격을 바꿈으로써, 현상을 바라보는 시야를 넓힘으로써 세상을 다르고 풍부하게 볼 수 있다는 것이다.

우리는 흔히 빠질 수 있는 성격 유형론의 맹점을 조심해야 한다. 대신 타고난 성격을 교육이나 자기 성찰을 통해 바꾸려고 노력을 할 필요가 있다. 타고난 기질에 의해서만 행복과 불행이 정해진다면 인간이 아무리 노력해도 인생은 바뀔 수 없다는 슬픈 결론에 이른다. '나는 누구인가'에 대한 오랜 성찰을 통해 자신의 성격을 개선할 수 있다.

S

하던 대로 하고 살던 대로 살면
갈등과 고민에서 벗어날 수 없을 것이다.

08

하고 싶은 것과
할 수 있는 것을 분별하라

| 능력 |

"인간은 자신이 하고자 하는 것과 할 수 있는 것이 무엇인지를 알아야 한다. 그럼으로써 비로소 인간은 성격을 나타내게 된다. 또 그런 후에야 진정 무엇인가를 성취할 수 있다."

인간이 타고난 성격과 기질에 따라 살아가야 한다면 행복과 불행은 이미 결정돼 있다. 쇼펜하우어는 성격이 불변한다는 입장에는 변함이 없지만, 교육으로 제2의 성격을 만들 수 있다고 했다. 이것이 후천적으로 획득된 성격이다. 후천적으로 성격을 바꿀 수 있다면 노력 여하에 따라 누구나 행복해질 수 있다. 쇼펜하우어의 "획득된 성격"의 개념에 따르면 행복은 숙명적으로 결정되는 것이 아니라 스스로 선택하여 만들어 가는 것이다.

이를 위해서 자신의 욕망과 능력을 정확히 알고, 이 두 가지를 일치시키기 위해서 노력해야 한다. 이는 저절로 이뤄지는 것이 아니다. 오랜 시행착오를 통해 자신이 무엇을 의욕하는지와 자신이 무엇을 할 수 있는지를 알고 나서야 비로소 참된 것을 이룰 수 있다.

우리도 마찬가지다. 하고 싶고 할 수 있는 것을 찾으면, 그리고 원하는 바를 얻고자 하면 이외의 것을 포기할 수도 있어야 한다. 부, 명예, 지식, 미덕 그 무엇이든 자신이 진지하게 추구하는 목표를 수월하게 실현하고 향유하려면 목표와 무관한 모든 욕심을 버려야 한다. 그리고 다른 목표들도 포기해야 한다. 그러므로 단순한 의욕과 능력만으로는 부족하다. 여기서 교육은 자신의 소질과 가능성을 인식하고 계발하는 데 큰 역할을 한다. 이런 후천적인 성격이 타고난 성격보다 행복감을 느끼는 데 더 중요하다.

행복을 위한
가장 중요한 출발점

인간은 누구나 자신이 하고자 하는 것과 할 수 있는 것이 무엇인지를 알아야 한다. 자신이 하고자 하는 것(욕망)과 자신이 할 수 있는 것(능력)을 분별하는 자기 인식이 행복의 전제 조건이다.

그러나 처음부터 자신의 성격에 대해서 아는 것은 불가능하며 많은 시행착오와 경험이 필요하다. 자신이 원하는 바와 자신이 할 수 있는 바를 진정 알아야만 뭔가를 성취할 수 있는데, 그렇지 않다면 결국 인생에서 실패하게 된다. 자신에게만 적합하고 자신만이 할 수 있는 것을 아직 모르는 상태에서 참된 행복은 성취될 수 없다.

선천적인 성격은 그 자체로 타고나지만 후천적인 성격은 자신의 의욕과 능력을 인식한 후에 나타난다. 자신이 하고자 하는 것과 할 수 있는 것을 통찰할 수 없다면 타고난 기질과 본능에 지배를 받지만, 세상을 경험하면서 통찰력이 생기면 자신만의 행복의 조건을 찾을 기회를 얻는다. 그리고 경험을 통해 자신의 의욕(욕망)과 능력을 일치하는 법을 배우면서 획득된 성격으로 자신의 개성을 완전하게 알게 된다.

인간은 각자 서로 다른 갈망과 능력에서 자기의 소질을 발견한다. 그 소질의 수준은 개성에 따라 다르기 때문에 자신이 실제로 겪어 봐야 뚜렷하게 인식할 수 있다. 쇼펜하우어는 이렇게 묘사했다.

"물고기는 물에 있어야, 새는 공중에 있어야, 두더지는 땅속에 있어야만 행복하다."

주어진 개성을 최대한 유리하게 이용하면서 자신의 인격에 부합하는 일에만 노력을 기울여야 한다는 의미다. 쇼펜하우어에 따르면 자신의 개성에 맞는 일과 생활 방식, 직업을 찾아서 능력을 발휘해야 행복할 수 있다.

그 반대로 자신의 개성에 맞지 않는 일은 피해야 한다. 자신에게 적합하고 자신이 성취할 수 있고 향유할 수 있는 것을 모른다면 불행해진다. 자신의 개성에 대한 무지, 자기 인식의 결핍이 불행의 원인이다.

인간됨은 가장 본질적인 것이자 노력으로 얻을 수 있는 것이 아니다. 우리가 할 수 있는 일은 자기의 인간됨을 자신에게 적합한 교육 방식으로 도야하고, 적합한 직업을 선택해 최대한 유익한 방향으로 활용하는 것이다.

다음으로 이런 삶을 즐겁게 유지해야 한다. 쇼펜하우어는 자기 인식을 통한 후천적 성격을 얻기 위해 적절한 교육이 필요하지만, 많은 지식이 인간을 쓸모없고 둔하게 만든다고 했다. 이 때문에 자신에게 적합한 지식을 쌓아야 자신의 개성대로 즐거울 수 있다는 사실을 고려해야 한다.

행복은 지극히
주관적인 선택이다

우리나라 교육의 목표는 개성의 실현보다는 성공과 부를 보장하는 직업을 획득하는 데 치중돼 있다. 그래서 많은 사람이 자신이 진정 원하는 것에 대한 인식과 관심이 부족했을 것이다. 쇼펜하우어는 가치의 기준을 타인에게서 구하지 말고 자신에게서 구해야 한다고 역설한다. 우리가 할 수 있는 유일한 일은 자신의 개성을 최대한 유리하게 이용하고 인격에 부합하는 일에 노력을 경주하는 것이다.

이런 입장은 자신의 탁월성을 키우는 그리스의 교육관과 일치한다. 행복은 자신만의 탁월한 능력을 최대로 발휘하는 데 있다. 운동 신경이 뛰어난 사람이 하루 종일 앉아 연구를 한다면 불행하다고 느낄 것이고, 지적 능력이 뛰어난 사람이 하루 종일 운동이나 육체노동을 해야 한다면 불행하다고 느낄 것이다. 행복은 각자의 능력과 개성, 취미에 따라 달라질 수밖에 없다.

평생 교육이라는 말이 있듯이 우리는 끊임없이 탐구해 세계와 자신에 대해 알아 가야 한다. 무엇보다 내가 갖고 있는 장점과 내가 진정 원하는 것을 알아야만 자신만의 행복의 방향이 비로소 정해진다. 능력과 욕구를 일치시키는 적성에 맞는 일을 함으로써 자신의 장점을 극대화할 수 있다. 교육을 통해 자신의 능력을 확인하고 본성을 바꾸도록 부단히 노력해야 된다. 이처럼 누구나 타고난 욕망과 능력이 무엇인지 오랜 성찰을 통해 찾아낸 다음, 그 일에서 즐거움을 찾는 일이 행복으로 가는 길이 된다.

행복이란 자신의 개성과 소질에 맞도록 노력함으로써 다다를 수 있는 만족감이다. 이를 위해 자신이 성취하고자 하는 것 가운데 자신에게만 적합하고, 자기만이 할 수 있고, 자기에게만 즐거운 것을 알아야 된다. 자신의 성격에 맞는 일을 찾아 올바른 선택을 하는 것이 행복을 위한 가장 중요한 출발점이다.

S

어떻게 해야 인생이 더욱 행복해질지 고민해 보라.

09

행복과 불행을
상상하지 마라

| 감정 |

"상상력은 아무 할 일 없이 기껏해야 즐거운 공중누각을 쌓아 올린다."

우리나라처럼 공부를 중요시하는 나라는 세계에서 드물다. 그런데 머리가 똑똑해 출세하여 성공할 수는 있겠지만, 지능은 행복과 일치하지는 않는다.

쇼펜하우어는 지능은 생존을 위한 도구로써 살려는 의지에 봉사하는 보조 역할을 할 뿐이라고 봤다. 지성은 생존의 문제를 해결하는 데 좋은 역할을 하지만 그것이 해결되면 작동을 멈춘다. 오히려 행복은 그런 지성이 과도하게 작동하여 생겨나는 상

076   마흔에 읽는 쇼펜하우어

상이나 기억을 제한해야 얻을 수 있다.

쇼펜하우어는 지능이 발달한 고등 동물일수록 인식이 분명해 지면서 고통이 증가한다고 본다. 따라서 이 세상에서 인간이 가장 고통을 많이 느끼며, 인간 가운데는 천재가 가장 고통을 많이 겪는다. 두뇌가 뛰어난 천재일수록 불행이 더할 수 있다. 정신적인 재능이 뛰어난 사람일수록 신경 기능이 무척 활발하여 고통을 느끼는 감수성이 예민하기 때문이다. 감정의 변화나 기복이 크기 때문에 불쾌감이 더 강할 수 있어서 '마음의 평온'을 얻을 수 없다.

쇼펜하우어가 말하는 천재는 단순히 지능이 좋은 사람만을 지칭하는 것이 아니다. 천재는 아이큐가 높은 사람이 아니라 창의적이며 독창적인 결과를 낳는 사람이다. 결과로 평가받을 수 있는 소수의 사람인 것이다. 그래서 요즘 지능 검사에서 고득점을 받았다고 해서 천재라고 말할 수는 없을 것이다. 칼럼 〈똑똑한 사람이 겪는 10가지 증상〉에는 다음과 같이 서술돼 있다.

"'더닝 크루거 효과'에서 지적되듯, 더 잘 아는 사람일수록 자신이 모른다는 사실을 알고 있기에 똑똑할수록 자신감이 낮아진다. 고지능자들은 다각도로 문제를 분석하기 때문에 부정 편향의 성향이 나타나 긍정적인 사실보다도 부정적인 사실에서 결론을 끌어낸다."

  또한 대체로 지능이 높을수록 사회성이 부족한 경우가 많아서 인간관계에서 흥미를 잘 느끼지 못해 자신만의 관심사에 몰입하는 사람이 많다고 한다. 고독을 선호하여 친구를 사귀지 않고 비연애, 비혼을 택하는 등 인간관계를 최소화하여 자발적 아웃사이더가 되는 경우가 많다고 한다.
  이런 최근의 주장은 지능이 높을수록, 천재일수록 민감성과 감수성이 높아서 더 불행할 수 있다는 쇼펜하우어의 이론을 뒷받침한다.

기억과 예견은
착각이다

  지성과 이성의 역할을 깎아내리는 쇼펜하우어는 인간의 본질이 원래 비이성적이라는 점을 강조한다. 특히 행복에 대해서는 인간의 지성이 잘못된 환상을 많이 만들어 낸다. 인간은 쾌락을 바탕으로 행복이라는 큰 건물을 짓는다. 그것은 인간이 느끼는 대부분의 즐거움과 쾌락의 원천인 환영이다. 인간이 방대한 지식을 늘린다고 해도 고통에 대한 근본적인 해결책이 마련되지 않고, 오히려 과거에 대한 기억과 미래에 대한 예견으로 불행감을 더할 뿐이다. 쾌락과 그것을 바탕으로 한 모든 행복이 환상처럼 현재가 아니라 미래에 있는 것으로 착각하게 된다.

《성경 구약》 전도서 제1장 18절이 쇼펜하우어의 생각을 잘 대변한다.

"지식을 더하는 자는 근심을 더하느니라."

죽음 자체보다 죽음을 생각하는 것이 고뇌의 더 큰 원인이 되듯이 인간이 겪는 고통의 대부분은 상상력, 회상과 예상이라는 지성 활동에서 비롯된다. 많이 알수록 불행해질 수 있다는 점에서 지식은 쓸모가 없다. 행복은 지식에 비례하지 않는다. 인생살이에 무지한 젊은 사람이 역설적으로 인생의 많은 경험으로 욕망의 탐욕과 충족의 덧없음을 깨달은 늙은 사람보다 더 행복할 수도 있다.

인간이 지성으로 알 수 있는 부분은 한계가 있다. 그러므로 두뇌가 뛰어난 사람이 반드시 행복한 것은 아니다. 우리는 이성과 정신이 인간의 본질이라고 생각하지만, 쇼펜하우어에게 정신은 '뇌'라는 신체 기관 일부분이 활성화되면서 일어나는 현상일 뿐이다. 쇼펜하우어는 형이상학과 논리학을 포함한 모든 지성적 활동을 의지의 차원으로 환원하여 설명했다.

인간의 지성은 단지 생존에 기여하는 도구일 뿐 세계를 인식하기 위한 도구가 아니다. 예를 들어 플라톤은 인간이 이성으로 이 세계의 본질인 이데아를 인식할 수 있다고 봤다. 그러나 쇼펜하우어에게 지성은 이 세계가 무엇으로 돼 있는지, 이 세계의 목적이 무엇인지 아는 데 이르지 못한다. 지성은 '마야의 베일'에 싸여 있어서 사물을 있는 그대로 보지 못하는 눈과 같다.

쇼펜하우어가 사용한 마야의 베일은 브라만 사상에서 등장하는 용어다. 커튼을 내리면 사물이 가려져 희미하게 보이는 것처럼 마야의 베일 때문에 브라만의 빛이 은폐되는 현상을 말한다. 이 베일에 의해 인간은 사물 그 자체를 보지 못하고 인과 법칙(근거율), 공간과 시간 등으로 잘못 식별하게 된다. 이처럼 쇼펜하우어에게 지성은 이 세계의 본질인 의지를 인식하지 못한다.

이성은 의지가 객관화되는 단계에서 생존을 위한 도구로 형성된 것에 불과하며, 인간 행위의 동기를 결정하는 것은 무의식적으로 살려는 의지다. 쇼펜하우어의 생각은 욕망의 어두운 그림자에 주목한 융이나 프로이트의 이론과 결을 같이한다고 볼 수 있다. 이런 지성 활동에 의존하다 보면 우리는 행복을 현실이 아닌 과거의 '기억'과 미래의 '소망'에서 찾게 되는 오류를 범하게 된다.

돌아보지 말고
내다보지 마라

인간은 행복이라는 환상에 사로잡혀 살아간다. 많은 사람이 고통스러운 현실을 부정하고, 과거의 기억이나 미래에 대한 기대 속에서 살아가는 일이 많다. 인간의 삶이 동물의 것보다 더 고통스러운 것은 인간의 인식 능력 때문이다.

너무 많은 생각을 하지 않는 것도 방법이다. 우리의 행복이나 불행과 관련한 모든 일에 대한 상상력을 억제해야 한다. 지나친 상상력과 추측, 기억은 불행의 씨앗이다. 고통스러운 현실을 피해 행복을 미래에 두지 말고, 과거의 고통에 너무 집착하면 안 된다. 쇼펜하우어는 말했다.

"무엇보다 공중누각을 쌓아서는 안 된다. 쌓아 올리자마자 한숨을 쉬면서 다시 허물어뜨리면 그 대가가 너무 크기 때문이다. 하지만 그보다는 단순히 일어날지도 모르는 재난을 눈앞에 떠올리며 미리 불안해하지 않아야 한다."

무엇보다도 인간은 지나간 일과 다가올 일을 생각한다. 그래서 모든 일이 크게 증폭되어 나타나는 바람에 걱정이나 두려움, 희망이 실제의 쾌락이나 고통보다 훨씬 커진다. 한편 인간은 반성과 거기에 따르는 심리 작용 때문에 동물도 갖는 쾌락이나 고통에서 발전한 행복과 불행이라는 격상된 느낌을 갖는다. 그 결과 순간적인 환희나 때로는 심지어 죽을 것 같은 환희에 사로잡힐 수도 있고 절망에 빠져 자살을 감행할 수도 있다.

작은 것에 만족하는 동물과 달리 인간은 자신만의 상상력을 발휘해 쾌락과 고통을 바탕으로 행복과 불행이라는 커다란 환상의 건물을 지었다. 인간에게는 고통의 양이 쾌락의 양보다 훨씬 늘어나고, 인간은 실제로 죽음을 알고 있다는 사실로 인해 고통의 양이 특별히 더 증가한다. 이로 말미암아 인간의 마음은 극심한 감정 변화, 걱정, 동요를 겪어 그 흔적의 지속적인 특징을 얼굴에서 읽을 수 있다.

회상에 근거한 불행감을 갖지 마라. 우리는 즐거운 생활을 할 때는 그런 사실을 깨닫지 못하다가, 좋지 않은 시기가 닥쳐야 비로소 '옛 시절이 돌아왔으면' 하고 바란다. 명랑하고 즐거운 순간이 얼마든지 있었지만 언짢은 얼굴을 하고 제대로 즐기지 못한 채 보내 놓고, 우울한 시간이 찾아오면 좋았던 옛날을 헛되이 그리워하며 탄식을 내뱉는 것이다.

괜한 상상으로 예전에 자신이 당한 불의, 손해, 손실, 명예 훼손, 냉대, 모욕 등을 다시 생생히 떠올리거나 마음속에 그리지

'그때가 좋았는데…'
'앞으로 잘돼야 할 텐데…'
우리는 습관적으로 불행의 씨앗을 뿌린다.
지금 행복해야 한다.

않는 것이 필요하다. 모든 불쾌한 일은 오히려 될 수 있는 한 가볍게 넘겨 버릴 수 있도록 담담하고 냉정한 시선으로 바라보는 태도가 좋다. 분노는 제어해야 한다. 그런 원칙을 지키지 않는다면 부와 권력이 있다 해도 자신이 초라하다고 느낄 수밖에 없다.

S

과거의 행복에 매달리지 말고,
미래에 행복을 미루지 마라.

10

고통의 총량은
변하지 않는다

|죽음|

"자살이란 비참한 이 세상에서 실제적인 구원을 받는 것이 아니라 단지 엉터리 구원을 받는 것에 지나지 않으므로, 최고의 도덕적 목표에 도달하는 것에 배치된다."

많은 사람이 삶의 고통에서 벗어나는 방법으로 죽음을 생각하기도 한다. 많은 종교가 고통에서 벗어나는 방법을 연구했으며 사후 세계를 지옥과 천국으로 나누기도 했다.

현실이 살 만한 가치가 없다면 죽음을 통해서 구원이나 해방을 꿈꿀 수도 있겠지만, 쇼펜하우어는 실패할 것이라고 본다. 죽음을 통해 고통은 줄어들지 않고 오히려 더 늘어나기 때문이다. 특히 자살로 변하는 것은 아무것도 없으며 삶의 고통이 줄어드는 것이 아니라 오히려 주변 사람들에게는 고통이 증가한다. 죽음을 통해 삶의 고통을 완전히 없애려는 시도는 어리석은 짓이다.

이렇다 해도 살아가면서 가장 큰 고통으로 생각되는 상황에서 벗어날 수 있는 자유로운 선택은 죽음이다. 아무리 지혜로운 사람도 두뇌와 육신이 노화로 쇠퇴하는 것을 피할 수 없고, 모든 현자를 기다리는 운명은 죽음이기 때문에 죽음의 유혹은 늘 존재하기 마련이다.

나와 상관없이
세상은 잘 돌아간다

죽음의 공포에서 벗어나려는 시도인 자살이 얼핏 살려는 맹목적인 의지를 꺾는 영웅적인 행동으로 보인다. 하지만 그것은 개인적인 착각일 뿐이다.

개인이 몇 명 사라진다 해도 이 세계를 이루는 의지는 변하지 않고 그대로다. 개인의 고통이 사라졌다고 해도 세계의 고통의 총량에는 변함이 없다. 이 세계는 누군가의 생명이 사라져도, 자신의 의지와 관계없이 태어나는 후손으로 끊임없이 다시 채워진다. 따라서 자발적 파괴이자 자신의 고통만을 제거하려는 자살은 어리석은 짓이다.

"마치 무지개를 구성한 하나의 물방울이 아무리 교체되더라도 무지개 자체는 여전히 남아 있는 것처럼, 아무런 영향도 받지 않고 한결같이 남아 있기 때문이다."

쇼펜하우어가 비유한 무지개와 물방울은 자연 전체가 한 개체의 죽음에 상심하지 않는다는 것을 나타낸다. 이 우주를 가득 채운 삶에의 의지는 개인의 죽음에 전혀 타격을 받지 않는다. 자연은 개인이 아니라 종족을 보존하기 위해서 무수한 꽃씨를 뿌리고 수천 개의 알을 뿌리면서 애쓴다.

물방울이 사라져도 무지개가 변하지 않듯이 나의 죽음으로 세상에는 아무런 변화가 없다는 사실을 알아야 된다. 우주 전체로 보면 개인은 아무런 의미가 없다. 개인은 언제나 희생될 수 있고 운명에 의해서 파멸될 수 있다. 자연은 인간의 죽음을 슬퍼하지 않는다. 우주 전체와 종족은 영원하지만 개인은 무상하다. 자연에서 그런 존재인 인간에게 "죽음이란 개체성을 잊어버리는 잠"이다. 이 세상은 인간 개개인의 죽음에 대해서는 무정하다.

죽음은 고통을 해결하는
수단이 아니다

쇼펜하우어는 그 당시 유럽에 유입된 인도 사상의 영향을 받아서 자신의 애견을 '아트만'이라고 불렀다. 아트만은 힌두교의 기본 교의 중의 하나이며, 원래 '숨쉰다'는 뜻이다. 숨쉬는 생명인 아트만은 '나'를 말하는데, 개인에 내재하는 원리를 뜻한다. 반면 브라만은 우주의 궁극적인 원리를 지칭한다. 따라서 아트만과 브라만은 각각 소우주와 대우주를 의미한다고 할 수 있다. 인간은 이 우주를 구성하는 '개체[我]'에 불과하며 그런 소우주를 포괄하는 브라만(대우주)이 있다는 인식이 생겨난다.

그리스 신화에 등장하는 반인반수의 실레노스의 이야기와 지혜가 니체의 《비극의 탄생》에 잘 나타나 있다. 숲속의 신 실레노스는 '가장 좋은 건 무엇인가요?'라는 질문에 다음과 같이 대답한다.

"최선의 것은 네가 얻을 수 없다: 태어나지 않는 것, 존재하지 않는 것, 무(無)가 가장 좋은 것이므로. 하지만 차선의 것은 네가 얻을 수 있다—당장 죽는 것이므로."

인간은 죽음보다는 죽음에 대한 생각에서 더 고통을 느낀다.

현재를 긍정하는 사람은 삶이 끝이 없기를 기대하지만, 죽음의 공포가 현재를 몰아내 마치 현재가 없는 듯한 착각을 불러일으킨다. 그래서 많은 사람은 삶에 대한 사랑보다 죽음에 대한 공포 때문에 살아간다.

누구나 한 번쯤 '차라리 태어나지 않았다면 좋았을 텐데'라고 생각한 적이 있을 것이다. 또한 이 고통을 없애기 위한 최선의 방법이 '빨리 죽는 것'이라고도 생각했을 수 있다. 태어난 것은 어쩔 수 없지만 자살은 우리가 선택할 수도 있다. 에피쿠로스의 유명한 말대로 "죽음은 우리에게 아무것도 아니다". 우리가 존재할 때는 죽음이 존재하지 않으며, 죽음이 존재할 때 우리는 존재하지 않는다. 죽음과 함께 모든 감각과 의식이 끝나기 때문에 죽음에는 쾌락도 고통도 없다. 죽음은 두려운 일이 아니다.

죽음의 공포에서 벗어나려는 종교나 죽음을 원하는 자살은 서로 대립하는 것처럼 보이지만 모두 삶의 고통을 없애려는 점에서 같다. 멋진 삶을 살 용기가 없는 사람이 자살을 하지만, 그렇다고 삶 자체를 부정한 것은 아니다.

많은 사람이 인생을 힘들어하며 죽음 이후 고통이 없는 세상을 꿈꾼다. 그래서 신을 믿고 종교를 믿는다. 그러나 죽음 이후의 세계를 설명하는 종교를 통해 삶을 고통스럽게 하는 문제가 해결되는 것은 아니다. '태어나지 않았더라면 좋았을 텐데'라며 인생을 한탄하고 부정하지만 그 결과의 답이 빠른 죽음은 아니다. 단지 믿는 것만으로 종교는 답을 주지 않는다.

사람은 자살, 열반, '무의지의 평정'을 통해 해탈에 도달하려고 한다. 죽음에 대해 많은 종교와 과학이 설명하려 시도하지만 명확하게 밝혀진 바는 아직 없다. 삶에의 의지를 제약하는 죽음의 공포는 철학의 발단이자 종교의 단초다. 불사에 대한 신앙을 갖는 것은 죽음을 제대로 수용하지 못한 두려움 때문이다.

자발적 죽음이 40대만의 일은 아니다. 세상이 힘들수록, 각박할수록 죽음으로 세상의 고통에서 벗어나려는 사람들이 늘어난다. 그러나 죽음 이후의 세계에는 아무것도 없으며 종교를 통해 그런 현실의 고통을 제거하는 것은 어렵다. 세상의 고통을 인정하고 그것을 잘 견뎌 낼 수 있는 힘을 키우는 것이 중요하다.

불교의 깨달음에 '일체개고'가 있다. 인도 철학에 영향을 많이 받은 쇼펜하우어가 제시한 고통에 대한 해법은 해탈이 아니라 '태어나지 않았더라면' 하는 생각을 지니면서 견디는 것이다.

고통 총량의 법칙은 누구에게나 적용된다.
언제, 어디에서, 얼마나 겪을지 예측할 수 없을 뿐이다.
있는 그대로를 인정해 보라.

11

모든 인생사는
수난의 역사다

| 삶에의 의지 |

"도피가 용기라면 자살을 결심한 사람만큼 용감한 사람은 없을 것이다."

쇼펜하우어는 염세주의 철학자로서 자살을 찬미한 것으로 알려져 있다.

"수많은 영웅과 현인이 자발적 죽음을 통해 자신의 삶을 마감하지 않았던가."

"분별을 할 줄 알고 솔직하다면 인생을 다시 한 번 되풀이하기를 바라기보다 완전히 존재하지 않기를 선택할지 모른다."

인생의 무의미에 대해 고민했던 쇼펜하우어가 남긴 말들 때문일 것이다. 하지만 쇼펜하우어는 죽음을 두려워했으며 자살은 시도조차 하지 않았다.

인간의 정신이 삶에의 의지 자체를 부정하는 일은 어렵다. 얼핏 자살은 생존 자체를 부정하는 것처럼 보인다. 하지만 이는 정신적 고통이 육체적 고통을 느끼지 못할 만큼 극심해서다. 실제로는 자발적 죽음이 삶에 대한 강한 집착과 열망을 보여 주는 행동이다.

자살은 삶 자체를 부정하는 것이 아니다. 삶에 대한 강한 애착과 희망을 보여 주는 점에서 삶에 대한 긍정이다. 자살은 역설적으로 삶에 대한 무한한 사랑을 보여 준다는 것이 쇼펜하우어의 생각이다. 너무나 인생을 사랑했기 때문에 그 절망감에 자살로 삶을 마무리하는 것이다. 자신의 상태가 너무 비참해서 자살을 선택하는 경우는 햄릿처럼 용기 있는 마무리로 볼 수 있다. 쇼펜하우어는 말했다.

"누구나 내일이 오지 않길 한 번 이상은 원했다."

인간이라면 누구나 쇼펜하우어처럼 신세를 한탄해 봤을 것이다. 그런데 반대로 그런 투정 때문에 삶은 가장 좋은 것이 된

죽도록 잘 살고 싶어서
차라리 죽고 싶은 마음이라는 것을
이해해야 한다.

다. 철학자 라이프니츠는 그래서 이 세계를 "가능한 세계 중 최상의 세계"라고 말한 바 있다. 우리가 살고 싶지 않다는 말은 그만큼 살고 싶다는 뜻이다.

삶의 긍정이라는
삶의 부정

쇼펜하우어는 자살을 삶의 부정이 아니라 역설적으로 삶의 긍정이라고 본다. 자살은 삶의 의지에 따른 고통을 부정하는 것일 뿐 살려는 의지 자체를 부정하는 것은 아니라는 의미다. 삶을 부정하기 어려운 것은 지성이 의지를 부정하기가 어렵기 때문이다. 우리 몸의 일부분인 뇌는 인간의 의지가 객관화된 신체 전체를 부정하기가 쉽지 않다. 어떤 방식으로든 정신이 자살을 시도할 때도 우리의 심장은 뛰고, 손은 죽지 않으려고 하며, 죽은 이후 3일은 머리카락이 자라난다. 그만큼 살려는 의지는 너무나 질기고 강한 것이다. 정신은 빨리 죽지만 신체는 그렇게 빨리 죽지 않는다.

자살과 해탈을 포함한 많은 형태의 삶의 부정은 역설적으로 삶의 의지를 긍정하는 현상이다. 자살도 생존 자체를 부정하는 것이 아니라 생존에 따른 고통을 부인하는 것에 불과하다. 삶을 제대로 향유하지 못한 것에 대한 혐오와 후회 때문에 삶의 고통을 느끼기 때문이다. 영원히 살기를 원하면서 신체의 욕망을 채우려고 하지만 이런저런 상황이 꼬여 삶에 고통이 생긴다. 자살자는 멋지게 살고 싶지만 그러지 못하고 자신이 처한 삶의 조건에 불만족할 뿐이다. 자살자는 그런 삶의 의욕을 멈출 수 없기 때문에 그만 사는 것이다. 그러나 다시 말하자면 분명한 점은 자살은 무지개의 물방울, 바다의 파도처럼 이 세상에 아무런 변화를 가져오지 않는다. 자살은 멍청한 짓이다.

쇼펜하우어는 삶에의 의지를 부정함으로써 그 결과인 욕망과 번뇌를 없애려고 했지, 삶 그 자체를 없애려고 한 것은 아니다. 예를 들어 식탐이 많으면 살이 찌고 건강이 나빠져서 다이어트를 할 수는 있지만 금식을 권장한 것은 아니라는 의미다. 먹으려는 욕망 자체는 나쁜 것이 아니다. 마찬가지로 죽음은 삶에 따른 고통을 줄이려고 할 뿐 생존 의지 자체를 제거하는 것은 아니다.

삶의 형식은 끝없는 현재다. 시간은 쉬지 않고 끊임없이 흘러가는 강물과 같으며 인간은 그 물결에 휩쓸려 사라지는 존재다. 그 영원한 시간 속에서 인간이 살고 죽는 것은 '덧없는 꿈'과 같다. 이런 점에서 세상을 부정하는 자살은 무익하고, 아무것도 바뀌지 않는다는 점에서 어리석은 행위다.

존재하지 않고
행복할 수 없다

자살은 관심을 바라는 경우가 많다. 다른 사람에게 S.O.S를 보내는 것이다. 좌절은 역설적으로 삶에 대한 희망을 알리는 것이다.

우리나라는 자살자의 숫자가 늘어나고 있다. OECD 국가에서 가장 높은 비율을 차지한다. 자살의 이유는 다양하다. 삶에 지쳤거나 희망이 없거나 또는 불치병에 걸린 경우도 있지만, 어쩌면 더 좋은 삶에 대한 강한 희망이 좌절됐기 때문이라고 볼 수 있다.

자살률 세계 1위인 국가가 의미하는 바는 그만큼 우리나라에 희망이 없다는 것이다. 자살은 세상의 고통에서 벗어나려고 자신의 삶을 부정하는 것이라고 생각한다. 즉 세상에 다시 태어나지 않아도 될 정도로 영원히 떠나고 싶다는 뜻이다.

그러나 '죽고 싶다'는 사람은 '그만큼 살고 싶다'는 반대되는 마음을 갖고 있다. 어쩌면 삶에 대한 애착이 너무 컸기 때문에 그것에 따른 실망과 고통이 컸다고 할 수 있다. 욕심 없이 사는 사람은 실패의 고통도 없어서 자살할 이유도 없다. 자살하는 사람은 그만큼 삶에 대한 희망, 애착, 기대가 컸다고 볼 수 있다. 경제적인 문제로 자살한 사람은 돈이 충분했다면 죽지 않았을 것이다.

'잘 살았더라면'
'더 건강했더라면'
'빚이 없었더라면'

삶이 괴롭지 않았다면 자살하지 않았을 것이라는 아쉬움과 소망이 남아 있다. 따라서 주위에 죽음까지 생각하는 사람들이 있다면 그들이 얼마나 절박하게 살려고 했는지를 이해할 필요가 있다. 그들을 죽음으로 이끄는 것은 살려고 노력하는 가운데 생겨난 고통이지, 살려는 의지 그 자체는 아니다. 살아 있는 한 우리는 살려는 의지 자체를 절대로 부정할 수 없다. 쇼펜하우어는 말했다.

"우리 인생의 장면들은 거친 모자이크와 같다. 가까이서 보면 제대로 알아볼 수 없고 멀리서 봐야 그 아름다움을 알 수 있다."

쇼펜하우어 말처럼 개인의 삶을 일반적으로 보면 슬픈 일이 많지만 자세히 보면 우스꽝스럽다. 인간은 누구나 살아가면서 순간순간 소망과 두려움에 휩싸이는데 그것이 우연에 의한 사건이므로 희극에 가깝다. 그러나 개인의 소망이 성취되지 않고, 노력과 희망이 무의미하게 될 때 끝내 죽음에 이르는 것은 비극이다. 우리는 인생이라는 무대에서 비극적인 인물의 역할을 맡지만 자세히 보면 하루하루 끊임없는 걱정거리로 살아가며 불안해하는 유치한 희극적 배우라는 것이다. 우리는 인생을 너무 단편적으로 보지 않도록 균형을 가져야 할 것이다.

S

인생은 어떻게든 끝마쳐야 하는 과제와 같다.
그러므로 견뎌 내는 것은 그 자체로 멋지다.

3장

무엇으로
내면을
채워야 하는가

쇼펜하우어의 행복

·12·

행복의 90퍼센트는
건강에 좌우된다

| 건강 |

"건강한 거지가 병든 왕보다 더 행복하다."

요즘 많은 사람이 돈과 건강을 맞바꾼다. 쇼펜하우어는 행복
의 첫 번째 조건으로 건강을 꼽는다. 건강을 희생하면서까지 다
른 것을 추구하는 것은 어리석은 일이다. 인간의 행복은 대부분
건강에 의존한다. 건강하지 않는다면 당연히 다른 어떤 것도 즐
거움이 될 수 없다. 몸이 일단 건강해야 기분도 좋고 웬만한 어
려움을 잘 견딜 수 있다.

평생 몸 관리를 했지만 일찍 생을 마감한 사람이 있는가 하면
평생 라면만 먹고 술과 담배를 해도 90세를 넘기며 장수하는

사람도 있다. 두 가지 경우 어느 쪽을 선택하겠는가. 명이 짧아도 부자라면 부러워하는 사람도 있겠지만, 오래 사는 이를 부러워하는 사람도 있을 것이다. 죽으면 억만금의 돈이라도 소용이 없다. 쇼펜하우어는 "건강한 신체에 건강한 정신이 깃든다"라는 고대 로마 시인 유베날리스가 쓴 시의 한 소절을 들어 옳다고 말한 만큼 건강하게 장수하는 사람이 더 행복하다고 생각할 것이다. 쇼펜하우어는 말했다.

"인생이 얼마나 짧은지 알려면 오래 살아 봐야 한다."

건강한 정신력을 위해
그에 맞는 노력을 하라

쇼펜하우어는 어느 고서를 뒤적이다가 "많이 웃는 자는 행복하고, 많이 우는 자는 불행하다"라는 글을 읽었다. 건강한 사람 가운데는 낙천적인 성격이 많다. 그만큼 살면서 스트레스를 덜 받는다는 것인데, 기질상 타고났을 가능성도 있고 후천적으로 성격이 바뀌었을 수 있다. 웃을 수 있는 것도 능력이다. 잘 웃는 것도 타고나는 기질에 속하기 때문에 웃음이 없는 사람이 노력한다고 반드시 잘 웃게 되는 것은 아니다. 성격이 좀처럼 바뛰지 않기 때문이다.

건강은 인간의 주관적인 자산인 '고상한 성격', '뛰어난 두뇌', '낙천적인 기질'과 '명랑한 마음'에 함께 속한다. 이 가운데 우리를 가장 행복하게 하는 요인은 명랑한 마음이다. 그 명랑한 마음은 외적인 돈이나 명예가 아니라 건강이다. 따라서 바깥에서 좋은 것을 찾지 말고 자신의 건강을 지키고 유지하는 데부터 힘을 써야 된다. 그것은 운동으로 만들어진다.

아리스토텔레스는 "생명의 본질은 운동"에 있다고 강조하면서 유기체의 전체는 끊임없이 운동을 해야 한다고 말한다. 심장은 확장과 수축을 통해 끊임없이 혈액 순환 운동을 한다. 운동을 하지 않고 하루 종일 앉아 있는 경우 건강의 균형이 깨져 내적 안정감을 해칠 수 있다.

우리의 행복은 명랑한 기분에 좌우되는데, 그 기분은 건강 상태에 따라 달라진다. 똑같은 상황에서도 몸이 건강하고 튼튼하면 기분이 좋겠지만 병에 걸리면 짜증 나고 불안해질 수 밖에 없다. 쇼펜하우어는 말했다.

"나무도 튼튼하게 자라려면 바람이 필요하다. 인간도 건강하려면 운동이 필요하다."

"행복에 가장 직접적인 영향을 주는 것은 명랑한 마음이다."

명랑해야
잘 살 수 있다

행복은 젊음, 외모, 부, 명예 등으로 평가하지 말고 얼마나 명랑한지를 확인해 봐야 한다. 마음이 즐거운 사람은 나름의 이유가 있다. 명랑한 기분과 긍정적인 생각에 돈이 분명 도움을 주겠지만 돈이 많다고 해서 삶에 만족하는 것도 아니고, 돈이 없다고 해서 불행하기만 한 것도 아니다. 하지만 건강은 필수다.

첫인상이 행복한 정도를 보여 주는 척도다. 명랑함을 유지하기 위해서는 늘 건강을 유지해야 한다. 온몸이 최상의 컨디션을 유지하면 좋다. 스트레스를 피하고, 하루에 두 시간씩 야외에서 운동을 하며, 냉수욕과 식이요법에 신경을 써야 한다.

우리를 행복하게 하거나 불행하게 하는 것은 사물의 객관적인 모습이 아니라 사물에 대해 우리가 느끼는 결과다. 같은 상황에 대해서도 건강한 사람과 아픈 사람의 생각은 다르다. 우리의 행복이 "90퍼센트 건강에 의해 좌우"된다면 모든 즐거움의 원천인 건강을 관리하는 데 온 힘을 쏟아야 된다. 건강하지 못하면 위축되고 기가 꺾여서 부와 명예를 갖고 있어도 즐기지 못하기 때문이다.

인간의 행복에서 가장 중요한 건강을 다른 일을 위해 희생하는 일은 어리석다. 승진, 명예, 공부 등 건강을 해치면서까지 과

로할 이유가 없다. 건강이 있어야 다른 모든 것도 있는 것이다.

명랑하고 쾌활하면 세상의 모든 일이 즐거워진다. 낙천적인
사람은 열 가지 일 가운데 한 가지 일만 이루더라도 기뻐하지만
우울한 사람은 열 가지 일 가운데 아홉 가지 일을 이루더라도 기
뻐하지 않는다. 실패한 한 가지 일에 크게 상심하고 화를 내고
기가 꺾이기 때문이다. 명랑한 사람은 불행한 일을 겪어도 쉽게
화를 내거나 좌절하지 않는다. 이런 차이는 부모로부터 물려받
는 기질과 매우 관련이 있다. 그러나 꾸준한 운동이라는 노력으
로 명랑한 기분을 유지할 수 있다. 심장과 혈관, 근육을 튼튼하
게 하면 우울한 기질의 사람도 어느 정도 쾌활하게 살 수 있다.
40대부터는 자신의 얼굴에 책임을 져야 한다는 말이 있다. 웃
음을 잃지 않도록 노력하면서 무엇보다 운동을 통해 건강을 챙
겨야 한다. 그 사람이 얼마나 행복한지는 '왕'이 아니라 '거지'라
도 웃을 수 있는 명랑함에서 단번에 볼 수 있다. 항상 긍정적인
기분으로 살면서 늘 웃는 얼굴을 가져야 할 것이다.

행복해서 웃는 것이 아니라 웃어서 행복한 것이다.

13

마음의 안정이 없는
행복은 있을 수 없다

| 평정심 |

"생각의 서랍 중에서 한 개를 열 때는 다른 모든 것을 닫아 두어야 한다. 그래야 무겁게 짓누르는 하나의 걱정거리 때문에 현재의 사소한 즐거움을 위축시켜 마음의 평정을 잃지 않고, 하나의 생각이 다른 생각을 밀어내지도 않으며, 하나의 중요한 일을 걱정하느라 사소한 일들을 소홀히 하지 않는다."

건강 다음으로 우리 행복에 중요한 요소는 마음의 평정이다. 쇼펜하우어는 인간의 마음의 상태를 익시온이 돌아가는 바퀴에 묶여 있는 것에 비유한다.

그리스 신화에 나오는 익시온은 그리스 테살리아 지방에 살

왔던 라피타이족의 왕으로 그에게 관례적인 결혼 선물을 요구한 장인 테이오네우스를 불구덩이에 밀어 죽인 살인자다. 그리스 최고의 신 제우스는 그의 살인죄를 사면하고 그를 신이 살고 있는 올림포스 산으로 초대했는데, 익시온은 제우스의 아내 헤라 여신에게 반해서 계속 따라다녔다. 아내에게 이 말을 전해 듣고도 도저히 믿지 못한 제우스는 구름으로 헤라와 똑같은 여신을 만들어 놓았는데 익시온이 그녀를 겁탈하고 자신이 헤라를 가졌다고 떠벌리고 다녔다. 이에 분노한 제우스는 익시온을 불타는 수레바퀴에 매달아 영원히 돌아가게 만들었다.

인간은 마치 돌아가는 바퀴에 묶여 있는 익시온처럼 삶의 의지의 지배를 받아 끊임없이 움직인다. 불타는 수레바퀴에 매달려 돌아가고 있으니 얼마나 마음이 불안하겠는가. 마음의 안정 없이는 결코 진정한 행복이 있을 수 없기 때문에 익시온의 바퀴가 멈추도록 노력해야 한다.

쇼펜하우어가 추구하는 행복은 소극적인 입장에서 '마음의 평온'이다. 이것은 스토아학파가 주장한 아파테이아와 같다. 아파테이아는 욕구가 없는 금욕의 경지를 말한다. 정념에서 해방됨으로써 평온에 도달하는 것처럼 쇼펜하우어도 마음의 평온을 통해 행복해야 한다고 가르친다. 중요한 것은 정념을 없애고 조용함을 얻기 위해 마음의 동요를 최대한 줄여야 한다는 것이다.

마음의 평정을 찾는
네 가지 방법

40대는 사회 활동이 가장 활발한 시기로 많은 사람과 접촉한
다. 사람들과 어울리다 보면 여러 가지 예상치 못한 일로 상처
를 받는 일이 생긴다. 시기심, 질투도 겪는다. 자신도 직업과 관
련된 공적인 만남뿐만 아니라 동호회나 동창회 등 사적인 모임
에서 타인의 마음에 상처를 주는 실언이 많이 오고 간다. 예를
들어 돈 자랑, 자식 자랑, 집 자랑이다.

행복을 위해서는 이런 흔들림 속에서 마음의 평정을 찾는 것
이 반드시 필요하다. 음식을 절제하면 몸이 건강해지듯이 외적
인 자극의 비중을 줄여야 마음의 평정을 얻을 수 있다.

첫째, 불필요한 인간관계를 정리하라.

무엇보다 확실한 방법은 사람과의 불필요한 교제를 줄이는
것이다. 대화할 가치가 없는 사람을 만나면 마음이 상하는 일이
생길 수 있기 때문이다. 중요한 점은 타인과 비교하지 말고 질
투심을 갖지 말아야 하며 자신의 자존감을 지키는 일이다.

모든 인간관계를 끊으면 오히려 따분하고 심심한 기분에 시
달릴 수 있다. 그런 극단적인 상황을 피해 만나는 사람들의 범
위를 좁혀서 자신의 생활방식을 단순하게 유지한다면 마음의

나를 얽매는 것에서 자유로워질 때
평화로운 고요함을 느낄 수 있다.

동요를 줄일 수 있다. 쇼펜하우어는 무료함을 야기하지 않는 범위 내에서 될 수 있는 한 관계를 단순화하고 생활 방식을 극히 단조롭게 해야 행복해진다고 했다.

둘째, 질투를 경계하라.

질투는 인간의 자연스러운 감정이지만 자신의 것을 남의 것과 비교하지 말고 즐기자. 쇼펜하우어는 세네카의 말을 인용했다.

"우리는 자신의 것을 남의 것과 비교하지 말고 즐기자. 다른 사람이 행복하다고 괴로워하는 자는 결코 행복하지 못할 것이다."

자기보다 형편이 나아 보이는 사람보다 형편이 나쁜 사람을 살펴보는 방법도 괜찮다. 우리의 고통보다 더 큰 고통을 바라보는 것이 효과적인 위안이 된다. 쇼펜하우어는 아버지가 돌아가시고 어머니와의 사이가 좋지 않을 때 친구 앙티메에게 자신의 상황을 비탄하는 편지를 자주 보냈는데, 그때 앙티메는 쇼펜하우어를 위로하며 조심스럽게 이야기했다.

"그래도 너보다 더 불행한 사람이 있다는 걸 생각하며 불행을 참고 건너기 바란다."

셋째, 큰 희망을 걸지 마라.

우리는 가끔 태어나지 않았더라면 더 좋았을 것이라는 후회를 한다. 우리는 우주의 먼지와 같은 존재다. 그래도 우리는 살아서 존재하는 일에 감사해야 한다. 내가 이 세상에 없었더라면 이런 한탄도 할 수 없을 것이기 때문이다. 만약 꿈이 깨지고 실패를 겪어도 태어나지 않은 것보다는 나을 것이다. 쇼펜하우어는 말했다.

"우리 삶은 아주 작은 점에 불과하다."

넷째, 세상에는 거짓이 많다는 점을 알아라.

이 세상에는 알맹이가 없는 껍데기가 더 존경받는 일이 많다. 지식을 가르치는 학교나, 종교를 알리는 단체도 모두 겉모습만 번지르르한 경우가 많다. 알찬 속보다 가짜의 겉모습이 지배하는 세상에서 행복도 그런 바깥에 드러나는 모습으로 판단한다. 그러나 행복은 그런 화려한 겉모습에 있지 않다. 행복은 학교에서 지식처럼 배울 수 없고 종교 단체에서 경건하게 체험할 수 없다. 쇼펜하우어는 행복한 사람을 대충이라도 알아보려면 즐거움보다 슬픔을 살펴야 한다고 했다.

"행복의 알맹이를 알기 위해서는 어떤 것에 즐거워하는지가 아니라 어떤 일에서 고통을 느끼는지를 확인해 봐야 한다."

나를 불안하게 하는 것들과
작별하라

평정심을 추구한 대표적인 학파가 스토아다. 세상에 일어나는 모든 사건은 우주 자연의 법칙에 따라 그렇게 일어나게끔 이미 결정돼 있다고 주장했다. 우리가 어떤 일을 불행으로 느끼는 이유는 그것이 '우연(운)'이기 때문이다. 그러나 늙어 가는 것, 죽어야 하는 일, 일상에서 일어나는 슬픈 일을 필연적인 것으로 받아들이면 슬퍼하지 않게 된다. 세상의 많은 일이 우연에 따라 일어난다고 생각한다면 인생은 고통의 연속이지만, 운명으로 받아들인다면 불안이나 걱정이 줄어들게 된다.

행복해지기 위해서는 의지와 마음의 동요가 적어야 한다. 사실 너무 불행해지지 않으려면 너무 행복해지려는 요구를 하지 않는 것이 가장 확실한 방법이다. 사람을 많이 만날수록, 친구가 많을수록, 좋아하는 사람이 많을수록 소망과 욕구의 접촉 범위가 커지면서 불행을 자초하는 기회와 환경이 커진다. 결국 인간의 행복과 불행은 마음먹기에 달렸다. 단순하고 단조롭게 사는 것이 쉽지 않을 수도 있다. 심플하게 생활하기 위해서는 지적인 생활을 감당할 수 있는 정신적인 소양을 늘 갖춰야 한다.

마음의 평온이 행복이라면 마음을 '잔잔한 호수'처럼 유지할 필요가 있다. 외부의 자극도 줄여야 되지만 비교하는 감정, 시기심, 질투, 지나친 기대와 희망을 경계할 필요가 있다. 마음을 요동치게 하는 것은 진정한 행복이 아니기 때문이다. 익시온의 수레바퀴가 멈추도록 욕망의 흐름을 잘 제어해야 할 것이다.

마음의 평온은 고통이 없는 상태다. 현명한 인간은 무엇보다 고통이 없는 상태, 괴롭힘을 당하지 않는 상태, 안정과 여유를 얻으려고 애쓴다. 우리도 욕망의 흐름에서 벗어나 자유롭고 때론 관심도 없이 세계를 객관적으로 바라볼 줄 알아야 한다. 익시온의 바퀴가 멈추면 에피쿠로스 학파가 말한 완전한 행복의 상태에 이른다. 그것은 감정의 동요나 혼란이 없는 평정심의 상태인 아타락시아다.

S

주변을 정리하고, 마음을 비울 때
더 좋은 것이 찾아온다.

14

예술 감각을
갖춰라

| 관조 |

"음악은 아주 위대하고 대단히 근사한 예술이다. 인간의 마음 깊은 곳에 참으로 커다란 영향을 미친다."

이 세계는 삶의 의지로 가득 차 있기 때문에 고통스러울 수밖에 없다. 우리가 '삶의 의지'라는 욕망의 바다, 고통의 바다에서 벗어나는 방법은 없다. 죽음을 통해서도 완전히 제거할 수 없다. 그 고통의 세계는 불변하기 때문이다. 쇼펜하우어는 인생의 고통을 완화하는 방법을 예술에서 찾는다. 그는 베토벤 교향곡을 좋아해서 음악의 형이상적 가치를 《의지와 표상의 세계》에서 분석하기도 했을 만큼 고통에서 벗어나는 방법이 예술의 미적 관조와 음악에 있다고 봤다.

자연 앞에 인간의 고통은
아무것도 아니다

우리는 아름다운 풍경이나 작품을 보거나 좋은 음악을 들으면 고뇌가 가라앉는다는 것을 느낀다. 쇼펜하우어에게 예술의 역할은 단순히 삶의 고통을 순간적으로 위로하는 도피처가 아니라 고통의 원인이자 세계의 근원인 의지를 인식하고 느끼게 하는 것이다.

예를 들어 마음을 비우고 자연의 풍경을 조용히 바라봄으로써 깊이 빠져들어 마음 전체를 채우는 상태를 말한다. 삶에 대한 의지에서 벗어나 자연과 인간의 마음이 하나가 되는 것이다. 의지와 고통이 없이 시간을 초월한 마음의 상태가 된다.

과학이 이 세계를 인과율(법칙)로 설명한다면 예술은 이 세계의 영원한 모습을 보여 준다. 그것을 플라톤은 이데아라고 부른다. 우리는 대상을 사사로운 관심이 없이, 어떤 목적도 없이, 의욕도 하지 않고 순수하게 바라볼 줄 알아야 한다.

자연이라는 객관에 완전히 몰입한 상태에서는 개별성이 잊혀지면서 이데아라는 세계를 보게 된다. 쇼펜하우어가 예를 들었듯이 왕이든, 죄수든, 거지든 자신의 신분을 잊고 똑같이 아름다운 자연 풍경을 감상하면 삶의 고통에서 잠시 벗어나게 된다. 고통스러운 자아에서 벗어나 순수한 마음으로 대상과 하나가 될 때 고통의 세계는 사라진다. 구름에서 번개가 치고, 천둥소리가 폭풍우와 바닷소리를 압도할 때 우리가 느끼는 것을 숭고미라고 부른다. 또는 밤하늘에 별이 총총 떠오를 때 우리가 너무나 작게 느껴져 무로 사라지는 느낌에서 이 세계가 객관과는 무관하다는 것을 알게 된다. 즉 고통은 우리의 마음에서만 느껴지는 것이다.

미적 관조란 이 세상을 아무런 관심 없이 바라보는 것을 의미한다. 이익, 계산 등을 따지면 세상의 아름다움은 사라진다. 건강을 위해 산을 오르는 사람은 꽃이 피어 있는 것을 보지 못한다. 건강이라는 관심에 자연의 아름다움이 가려지기 때문이다. 그러나 산에서 내려올 때는 비로소 꽃의 아름다움이 보인다. 자연의 아름다움은 우리의 마음을 비웠을 때 비로소 나타나는 것이다.

미적 관조는 지옥과 같은 고통의 상태에서 잠시 벗어나 사물을 있는 그대로 보게 한다. 이 세계의 아름다움을 삶에 대한 욕망 없이 무관심하게 바라볼 때 영원히 불변하는 것을 발견하게 된다.

음악은
의지를 울린다

여러 분야 가운데 의지의 고통을 초월하게 하는 예술의 힘이 가장 뚜렷한 것은 음악이다. 쇼펜하우어는 말한다.

"음악은 의지의 직접적인 표현이다."

음악은 회화나 조형 예술과 달리 모방이나 재현이 아니다. 우리가 바이올린의 소리를 들으면 감동을 받는 이유는 선율이 우리의 심금을 울리기 때문이다. 이때 음악은 세계의 깊은 곳에 있는 의지를 직접 우리의 마음에 전달해 준다. 음악이 "의지 자체의 모방"이기 때문이다.

침대로 예를 들면, 그 원형인 설계도가 있고, 그것을 모방한 침대가 있다면, 회화는 모방한 것의 모방이 된다. 이처럼 많은 작품이나 예술은 모방을 한 경우가 많다. 그러나 음악은 그런 모방 없이 직접 인간의 심금을 울린다. 음악은 우리가 생각할 필요가 없이 아름다운 감동을 직접 전한다. 심지어 우리가 가사를 모르더라도 우리의 마음을 울리는 음악이 많다. 이것이 멜로디의 매력이다.

삶에 대한 의지, 욕망 자체는 신체에서 작동하기 때문에 통제하기가 어렵다. 음악이 그 욕망의 파도를 잔잔하게 하고, 욕망의 바다 위에 떠 있는 배를 진정시킬 수 있다. 마치 폭풍우가 그치면 맑은 하늘이 보이듯이 음악을 통해 우리의 감정은 깨끗해지는 것이다.

아름다운 풍경과 경치를 보거나 예술 작품을 감상하거나 클래식을 들으면 노동의 고통에서 벗어나 즐길 수 있다. 특히 음악은 '의지의 직접적인 표현'이기 때문에 우리의 마음에 깊은 감동을 준다. 웅장한 오페라는 독일어 가사를 전혀 몰라도 큰 감동을 준다. 이렇듯 음악에 몰입하고 집중함으로써 고통스러운 현실을 잊을 수 있다.

이것은 아리스토텔레스가 말한 카타르시스와 비슷한 효과다. 그는 디오니소스 제전에서 비극을 관람할 때의 체험을 카타르시스의 주된 내용으로 삼았다. 이런 체험의 본질은 인간을 한계까지 몰고 감으로써 오히려 그로부터 벗어나 환희에 이르게 된다는 것이다. 비극적이고 부정적인 체험 속에서 인간은 자신의 한계와 무력함을 느낀다. 그런데 바로 그 순간 오히려 이성의 구속으로부터 벗어나 보다 자유로운 초월을 체험하게 된다. 관객의 마음속에 쌓여 있던 불안, 우울, 슬픔 등의 감정이 등장인물이 겪는 비극적인 상황이나 비참함에 공감하면서 해소되는 것이다. 이것이 그리스 비극 예술이 가져다준 마음의 정화 작용이다.

이렇듯 음악에 대한 쇼펜하우어의 생각은 니체의 예술 철학에 그대로 이어졌다. 니체는 디오니소스적인 것과 아폴론적인 것을 구분하고, 각각 멜로디와 가사에 비유한다. 그리스 신화에서 포도주의 신을 뜻하면서 동시에 여러 번의 죽음과 재생을 경험한 디오니소스처럼 인간도 술에 취해 삶에 따른 고통을 잊고 다시 거듭나는 경험을 한다. 덧없는 삶의 시간에서 벗어나 고통을 더 넓게 볼 수 있는 안목을 갖게 되는 것이다.

"예술은 삶의 꽃이라 부를 수 있을지도 모른다."

쇼펜하우어는 인생이 너무 힘들어 참을 수 없다면 클래식을 들을 것을 권장한다. 오페라는 가사를 이해해야만 되지만 실내악이나 관현악은 그럴 필요가 없다. 클래식은 이 세계가 의지라는 사실을 직접 느끼게 해 주는 통로와 같다. 이 세계가 의지라는 사실을 직접 경험하게 해 주는 예술이다.

바그너는 1854년 스위스에서 처음 쇼펜하우어의 책을 읽었는데 당시 쇼펜하우어는 최고의 명성을 누리는 철학자였다. 바그너는 그의 책 《의지와 표상으로서의 세계》을 여러 번 읽고 쇼펜하우어를 존경했지만, 쇼펜하우어는 정작 바그너를 '음악을 모르는 사람'이라고 깎아내렸다. 바그너는 쇼펜하우어가 사망한

1869년에 프랑크푸르트를 방문했지만 찾아가지는 못했다. 독일 음악계를 주도하던 바그너도 쇼펜하우어의 묘를 찾아가기에는 자신감이 없었다. 그래도 쇼펜하우어를 존경하는 마음은 계속되어 "나는 쇼펜하우어에게 감사하다"라고 말했다고 글로 썼다. 그의 작품 〈트리스탄과 이졸데〉가 쇼펜하우어의 사상을 그대로 담은 작품으로 알려졌다.

음악이 치유의 효과가 있다는 사실은 잘 알려졌다. 고단한 짐을 잠시 내려놓을 수 있는 방법 중 하나는 음악을 듣는 것이다. 물론 클래식이 가장 좋겠지만 요즘 음악 장르가 다양하다. LP, CD, 유튜브 음원 등 무엇으로도 좋다. 자신이 좋아하는 음악을 듣고 삶의 위안을 받을 수 있을 것이다.

또한 이 아름다운 세상의 풍경이나 예술 작품을 돈이나 성공, 그리고 이익에 대한 생각은 미뤄 두고 고요하게 바라보자. 변화하는 이 세계의 불변의 것, 보편의 것을 볼 수 있다고 한다. 인생의 욕망과 괴로움을 예술을 통해서 가라앉힐 수 있다.

S

자연과 예술은 우리를 해방시킨다.

15

인생의 무게 중심을
밖에서 안으로 옮겨라

| 향유 |

"평생에 걸쳐 매일 매시간 그 자신 자체일 수만 있다면 더 이상 아무것도 필요할 게 없다."

인간은 자신의 타고난 탁월함에 따라 가장 적합한 것을 선택할 수 있다. 인생을 향유하는 방식은 세 가지가 있다.

첫째, 재생적 즐거움.
먹고 마시는 일, 소화, 휴식, 수면 욕구 등

둘째, 육체적 즐거움.

산책, 달리기 등 각종 운동, 사냥, 전쟁 등

셋째, 정신적 즐거움.
사유, 독서, 예술, 명상, 철학 등

쇼펜하우어는 세 가지의 즐거움을 모두 알았다. 좋은 음식을 먹었고 건강을 챙겼고 음악을 즐겼다. 그리고 독서와 철학을 누구보다도 중요하게 여기며 살았다. 그는 세 가지 즐거움 가운데 어느 하나에 소홀하게 하지 않도록 균형을 갖췄다.

인생의 질을
결정짓는 한 가지

세 가지가 모두 중요하다고 해도 인생을 향유하는 데는 사람마다 무게 중심에 차이가 있다. 자신의 능력에 맞게 행복의 방향이 달라진다. 쇼펜하우어는 세 가지로 분류한다.

첫째, 평범한 사람.
무게 중심을 바깥에 두고 만족을 추구한다. 예를 들어 소유물이나 지위, 이성과 자식, 친구나 사교계 등에 의존하기 때문에 만족은 외부에 의존한다.

둘째, 정신적인 수준이 보통인 사람.

실용 학문에서 즐거움을 찾기 때문에 무게 중심이 밖과 안에 걸쳐 있다. 식물학, 광물학, 물리학, 천문학, 역사학 등을 통해 대부분 즐거움을 얻지만, 가끔 취미로 그림 연습을 하면서 불만족을 채운다.

셋째, 정신적인 능력이 탁월한 사람.

가장 고상한 향유 방식을 통해 무게 중심을 완전히 자신 안에 둔다. 사물의 존재와 본질 자체에 관심을 갖고 예술, 문학, 철학을 통해 자신의 견해를 만들어 간다.

정신적으로 고상한 욕구가 없는 사람은 자유로운 여가 시간에 이상적인 것에서 즐거움을 느끼지 못해 무료함에서 빠져 밖으로 나간다. 하지만 곧 현실에서 피곤함을 느끼게 된다. 쇼펜하우어는 이런 사람을 속물로 칭한다.

정신력이 압도적으로 발달한 사람은 따분함을 모르며 늘 새로운 관심과 풍부한 생각에 활기차고 의미 있는 생활을 즐긴다. 더 배우고 연구하고 생각하려는 욕구가 강할수록 여가 시간에 혼자서도 맘껏 자유를 즐길 수 있다.

인간이 인생을 향유하는 방식, 즐기는 것은 각자의 취향과 능력에 따라 달라진다. 아리스토텔레스가 "행복은 여가에 있다"라고 말하고, 소크라테스가 "여가를 인간의 소유물 중에서 가장 아름다운 것이라고 칭송"했는데, 행복한 시간은 노동하지 않는 자유 시간이다. 아리스토텔레스가 강조한 "행복한 삶이란 아무런 방해를 받지 않고 유능함을 펼칠 수 있는 삶"의 의미는 세 가지 향유 방식 가운데 아무런 방해를 받지 않고 자신의 탁월함을 발휘할 수 있는 것을 선택해야 한다는 것이다. 이것이 행복의 조건이다.

가장 행복한 삶은 철학자의 삶이다. 즉 지적인 능력이 풍부하여 스스로 사색하면서 판단하는 군주같이 '유아독존' 같은 삶을 살아가면서 이 세상을 다양하게 볼 수 있는 시각을 갖춘 사람을 말한다. 최고의 행복을 주는 철학은 스스로 생각하는 힘을 키우는 데 매우 중요하다.

**타인에게
방해받지 마라**

누구나 자신만의 시간을 갖고 싶지만 회사에서는 다른 직원

内면이 인격을 좌우하고, 인격이 인생을 좌우한다.
내면을 무엇으로 채울 것인가?

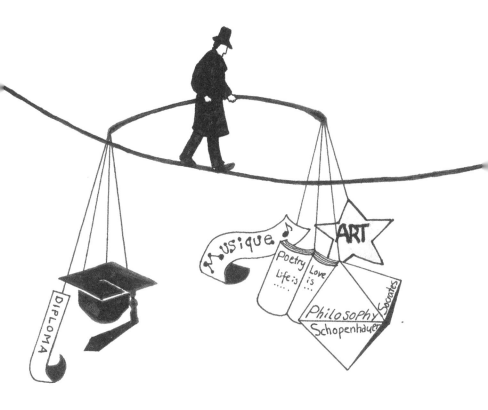

들이 말을 걸어서, 일을 부탁해서, 회의를 하느라 분주하다. 또한 집에 오면 집안일을 하느라 정신이 없고 가족 모임에 시간을 빼앗기게 된다. 이뿐만 아니라 휴일에는 하루 종일 유튜브나 여러 가지 방송을 보느라 시끄럽고 산만한 시간을 보내게 된다. 대중음악뿐만 아니라 자극적인 기사는 우리의 신경을 지나치게 자극하는 경우가 많다.

어릴 때는 혼자 있으면 무섭고 불안했지만 나이가 들면 혼자 있는 시간이 편안하다. 20대와 30대에는 경력을 쌓고 경험을 넓히기 위해 사람들을 만나느라 정신이 없다. 그러나 40대부터는 어느 정도 여유도 있고 사회적으로 자리를 잡아서 혼자만의 시간을 보낼 기회가 생긴다. 자신이 소중하게 생각하는 것에 대한 선택과 집중이 필요할 때다. 마흔 이후부터는 삶의 무게 중심을 점차 밖에서 안쪽으로 옮겨야 한다. 즉 자신의 내면을 더 성찰하여 자기를 더 깊이 알아 가야 한다.

무게 중심이 바깥에 있는 사람은 출세, 승진, 명예, 부 등을 추구하며 각종 모임 등에 빠져서 즐거움을 추구하지만 무게 중심이 안에 있는 사람은 혼자 있는 시간을 가지면서 개인적인 취향에 따라 예술, 시와 문학, 철학 등을 가까이 하게 된다. 이런 정신적인 즐거움은 속물이 누릴 수 없는 것이다.

사람들과의 만남을 줄이고 늘 책을 가까이 하고 좋아하는 노래를 들으며 스스로 생각하는 힘을 키우기를 권한다. 기회가 되면 미술 전시회나 연주회를 찾아서 최고의 예술가가 만들어 낸 작품을 감상하며 인생의 고뇌에서 벗어나는 시간도 가지면 좋다. 혼자서 산행을 하며 자신을 만나는 훈련도 해야 된다. 고독은 나의 진정한 모습을 들여다볼 수 있는 벗이다. 마흔부터 어느 누구한테도 방해받지 않는 잔잔함을 스스로 찾도록 해야 할 것이다. 쇼펜하우어는 말했다.

"다른 사람들을 '우리'가 아니라 '그들'로 생각하는 것이 익숙해질 것이다."

S

자기 자신을 가장 소중하게 여겨야 한다.

16

인생은 짧고
시간과 힘은 한정돼 있다

|독서|

"책을 읽는 시간도 함께 살 수 있다면 책을 사는 것은 좋은 일인지도 모른다. 하지만 사람들은 대체로 책을 구입하는 것과 그 책의 내용을 자기 것으로 만드는 것을 혼동한다."

쇼펜하우어는 행복을 위한 필수 조건으로 '교양'을 꼽았다. 그는 교양을 쌓기 위한 독서가 가치 있는 이유를 이렇게 말한다.

"우리의 행복은 주머니에 무엇이 들어 있냐 하는 것보다는 머릿속에 무엇이 들어 있느냐 하는 것에 달려 있다."

끝없는 의욕의 고통으로부터 벗어나는 길은 인생에 대한 지적 관조와 독서를 통한 위대한 사상가와의 대화다. 철학자는 사물을 지적인 대상으로 보지만 대부분의 사람들은 자신의 이기적인 욕망에 갇혀 왜곡된 시각으로 본다. 쇼펜하우어는 사유의 힘을 키울 수 있는 방법으로 독서를 권했다.

"먹은 것이 육체가 되고 읽은 것이 정신이 되어 현재의 자신이 된다."

철학적으로 향유하려면 사고하는 근육을 키워야 한다. 그런데 독자적인 사유에 필요한 독서의 방향이 다르면 이득보다 해악이 많다. 쇼펜하우어는 독서의 장점과 단점을 고려해야 한다고 했다.

양서를 읽기 위한
세 가지 조건

최근 우리는 발전한 인공 지능에 생각하는 것까지 맡기고 있다. 키워드 몇 개만 입력하면 정보를 요약해 주고, 해결책도 알려 주는 장점이 반대로 우리의 독자적인 사고력을 잃게 만든다.

과거의 독일이나 오늘날 우리나라에서나 통찰이 없이 지식만 얻으려고 하는 것은 마찬가지인 듯하다. 쇼펜하우어가 살던 그 당시 학교에서는 철학을 가르치기보다는 돈이 되는 지식을 가르쳤다. 그는 명성과 겉모습을 위해 대충 요약한 내용만 암기한 후 현명한 척하는 잘못된 세태를 비판했다.

자신의 생각이 부족한 상태에서 남의 책을 읽는 것은 위험하다. 남의 글을 읽으면서 남의 생각을 그대로 따라 하기 때문에 그 사람이 걸어간 사유의 길에 익숙해지기 때문이다. 스스로 생각하지 않는 편안함으로 하루 종일 책을 읽는다면 자신의 사유의 공간은 점점 사라진다. 이런 점에서 쇼펜하우어가 권하는 독서법은 현재에도 유효하다고 할 수 있다.

첫째, 고전을 읽을 것을 권한다.

위대한 작가의 저술은 읽지 않고 책에 대한 소개서나 리뷰를 읽는 데 만족한다. 위대한 정신이 담긴 내용보다는 잡담이나 가볍게 정리한 글들을 더 선호하는데, 위대한 정신의 소유자가 쓴 작품을 읽어야 된다.

둘째, 두 번을 읽을 것을 권한다.

중요한 책은 무엇이든 즉시 두 번 읽는 것이 좋다. 그래야 사물의 맥락을 보다 잘 파악할 수 있다. 그리고 끝을 알고 있으면 처음 부분을 비로소 제대로 이해할 수 있다. "작품이란 어떤 정신의 진수"인데 몇 천 년이 지나도 사라지지 않는 정신의 위대함을 경험함으로써 정신적인 교양이 높아져야 독서를 통해서 큰 즐거움을 얻게 된다. 쇼펜하우어는 말했다.

"반복은 연구의 어머니다."

셋째, 악서를 피하라.

쇼펜하우어가 지칭하는 악서는 단지 돈을 벌기 위해서 쓴 책이다. 많은 사람이 글을 써서 돈을 벌려고 한다. 대중은 어리석게도 그런 글을 읽는다. 사물 자체에 대한 생각을 다룬 극소수의 책을 읽어야 한다. 직접 사물들을 생각하며 글을 쓰는 사람들의 작품이 영원한 생명과 불멸의 명성을 갖는다. 또한 베껴 쓴 글이나 편찬한 글도 경계해야 된다. 쓰는 이와 읽는 이의 관계를 쇼펜하우어는 이렇게 비유했다.

"책에만 매달리는 평범한 철학자와 스스로 사고하는 사람의 관계는 역사 연구가와 목격자의 관계와 같다. 독자적 사고를 하는 사람은 사물에 대해 자신이 직접 파악한 것을 말한다."

군주처럼
사유하라

40대는 책을 가장 많이 읽을 시기다. 학창 시절에는 학점을 받기 위해 전공에 맞춘 독서를 하느라 폭이 좁았다면, 40대에는 세상을 바라보는 시야가 넓어지면서 관심의 분야도 다양해진다. 또한 자신이 좋아하는 주제가 좀 더 분명해지면서 집중적으로 독서하는 일이 많아진다. 예전에는 몰랐던 나의 적성이나 취향, 성향을 더 잘 알게 되면서 자연스럽게 그런 관심에 따라 책을 선택한다.

각자의 관심과 필요에 따라 독서를 할 때 많이 읽는다고 좋은 것은 아니다. 아무리 많은 지식도 숙고한 지식만큼의 가치는 없다. 많은 독서는 독자적인 사고를 하는 데 방해가 된다. 많이 읽을수록 자기 스스로 사고하는 힘은 줄어들기 때문이다. 쇼펜하우어는 이렇게 표현했다.

"책을 많이 읽는 사람은 남이 먹다 남긴 음식을 먹는 것과 남이 입다 버린 옷을 입는 사람에 불과하다."

독서를 해서 오히려 남의 생각에 끌려다니면 스스로 생각하는 능력을 잃게 된다. 따라서 자신의 사고의 샘이 막혀 버렸을 때만 독서를 해야 된다. 독서보다 독자적 사고가 훨씬 더 가치가 있다. 독자적인 사고 없이 남이 모은 견해를 받아들이는 것은 진리가 아니다. 쇼펜하우어는 사유 없는 다독을 경계했다.

"독서란 자기 스스로 생각하지 않고 다른 사람이 대신 생각해주는 것이다."

독서는 다른 사람의 사유의 공간에서, 그들의 사고 틀 안에서 함께 생각하는 것이다. 그러나 남의 것이 나의 것으로 저절로 소화되는 것은 아니다. 소화불량에 걸리면 멍하게 시간만 낭비하게 된다. 편하게 남의 힘으로 지내는 사람은 스스로 설 힘을 잃게 된다. 남의 책을 지나치게 많이 읽는 것은 나의 정신을 마비시키는 독과 같다.

독자적인 사유를 하는 사람은 군주처럼 스스로 직접 판단을 내린다. 그들이 제시하는 의견은 모두 그들 스스로 사고하여 얻은 결과다. 진정으로 독자적인 사고를 하는 사람은 이런 점에서 군주와 같다. 그는 모든 일을 직접 결정하며 자신을 넘어서는 어느 누구도 인정하지 않는다. 마치 군주의 결정이 자신의 절대적 권력에서 유래하는 것처럼 자기 자신에게서 직접 출발한다. 군주가 타인의 명령을 인정하지 않는 것처럼 독자적 사고를 하는 사람은 다른 사람의 권위를 인정하지 않기 때문이다. 이렇듯 온갖 종류의 권위와 편견에 사로잡혀서는 안 된다. 잘못된 독서는 이런 외부의 권위에 의존하게 만들 수 있다.

지상에서 가장 큰 행복은 자신의 정신에서 열매를 맺는 것이다. 진정한 사상가는 무엇보다 자기 자신을 위해 생각한 것만 진정한 가치가 있다고 생각한다. 이런 독자적 사고를 하는 사람은 철학자로서 그들의 삶의 즐거움과 행복은 사유에 있다.

쇼펜하우어는 자신의 생각을 영글게 하는 건 다독이 아니라 숙독이며, 독서를 통해 받아들인 타인의 사상을 자신의 사상으로 만들기 위해서는 무엇보다 오랜 사색이 필요하다고 강조한다. 너무 많이 먹으면 영양 과잉이 되듯이 책을 많이 읽을수록 독자적인 사고가 줄어들 수 있다. 되새김이 전혀 없다면 남이 간 길을 그대로 따라 걷는 것과 같다. 더구나 좋은 책을 읽는다고 해서 스스로 생각할 수 있는 방법을 쉽게 획득하는 것은 아니다. 절제하는 독서법이 필요하다.

S

책으로 그 사람이 걸어간 길은 알 수 있다.
하지만 그가 길을 걸으며 무엇을 봤는지 알기 위해서는
자기 자신의 눈으로 봐야 한다.

· 17 ·

문체는
정신의 관상이다

| 글쓰기 |

"인간의 생각은 많은 경우 깊이가 없고 단순하며 긴 실을 자아내지 못한다."

사색은 좋은 문장을 만들어 내는 원동력이다. 사색으로 얻은 지식이 진정한 지식이다. 스스로 깊이 생각할 수 있어야 된다. 글쓰기에서 중요한 것은 그런 독자적인 사유를 언어로 표현하기 위한 문체다. 쇼펜하우어는 글의 단순함, 소박함, 명료함을 중요하게 여겼다.

글쓰기는 자신의 사유를 언어로 표현하는 것이다. 가장 좋은 글은 누구나 쉽게 이해하는 글로서 내용뿐만 아니라 문체도 간

결함과 명료함을 갖춰야 된다. 글쓰기를 할 때 가장 경계해야 할 것은 남의 생각을 자신의 생각인 것처럼 쓰는 것이다. 마치 가발처럼 남의 생각을 잔뜩 집어넣고 자신의 생각인 것처럼 박식함을 과시하는 태도다. 또한 쇼펜하우어는 애매하고 어렵고 추상적인 글쓰기를 경계하면서 누구나 이해할 수 있는 글쓰기를 제안한다. 이것은 오늘날에도 글쓰기의 중요한 덕목이다.

글에 필요한 두 가지, 단호함과 확고함

좋은 글쓰기의 원칙은 누구나 이해할 수 있도록 쉽게 쓰는 것이다. 독자적인 사고를 하는 사람은 너무 허세를 부리는 문체를 쓰지 않는다. 문체에 고유한 독자성이 있고 자연스러우며 소박함을 갖고 있다. 쇼펜하우어는 말했다.

"아무도 이해하지 못하게 글을 쓰는 것처럼 쉬운 것은 없다. 반대로 중요한 사상을 누구나 이해할 수 있게 표현하는 것만큼 어려운 것도 없다."

자신의 사상을 순수하고 분명히, 확실하고도 간결하게 표현해야 된다. 단순함이 진리의 특징이자 천재의 특징이다. 반면에 사이비 철학자는 불확실하고, 애매하며, 다의적이고, 장황하고, 둔중하며, 딱딱한 문체로 쓸데없는 말을 늘어놓는다. 멋부린 표현, 난해한 용어, 애매한 암시는 지양하고 단순하고 명료하고 소박하게 말해야 된다.

또한 지나친 장식, 불필요한 수사, 쓸데없는 부연, 과잉 표현을 조심해야 된다. 너무 많은 독서와 배움이 오히려 사고를 중단시키듯이, 너무 많은 글쓰기와 가르침도 지식과 이해의 명확성과 철저함의 습관을 망친다.

훌륭한 저술가는 무미건조한 주제마저도 재미있게 흥미롭게 만들 수 있는 능력이 있다. 글쓰기에서 중요한 것은 소재가 아니라 표현력이다. 진정한 학자에게 학문은 수단이 아니라 목적이다. 탁월한 작품을 얻기 위해 타인의 인식에 신경 쓰지 않고 연구의 직접 목적에 대한 자신의 인식을 얻는 자만이 새롭고 위대한 통찰을 할 수 있을 것이다.

그럴듯하게 보여 주지 말고
자기 자신을 위해 써라

최근 글쓰기를 통해 수익을 내는 방법이 많다. 네이버나 티스토리 등에서 글을 쓰는 사람도 많을 것이다. SNS, 블로그 등에 글을 올려 광고 수익이나 판매 수익을 기대할 수 있기 때문이다. 그런데 쇼펜하우어는 이런 글쓰기를 경계한다.

우리가 글을 쓸 때 피해야 할 '저술가'는 순전히 수익 때문에 글을 쓰는 사람이다. 그들은 자신의 모습을 불명확한 글로 보여준다. 문체에 단호함과 명확함이 결여돼 있다. 반면 가치 있는 생각을 자신의 경험을 바탕으로 전달하려고 글을 쓰는 사람이 있다. 쇼펜하우어는 이를 "사물 그 자체 때문에 쓰는 사람"이라고 한다. 오직 '사물 자체' 때문에 글을 쓰는 사람만이 쓸 가치가 있는 글을 쓰는 것이다.

이런 점에서 위대한 사상가가 쓴 고전의 가치가 다시 강조된다. 천재는 돈을 위해 글을 쓰지 않고 "사물의 전체와 위대함, 본질적인 것과 일반적인 것을 자기 업적의 주제로 사는 자"다.

쇼펜하우어의 이런 입장은 전자 미디어를 활용하는 시대에 고리타분하게 보일 수 있다. 그럼에도 의미가 있는 이유는 진정성 때문이다. 유튜브의 경우 수익을 노리는 영상은 제목이 실제 내용과 다른 경우가 많다. 구독자의 호기심을 자극하고 과장하기 위해 제목부터 내용까지 가짜로 채웠기 때문이다. 또한 남의 글을 가져다 짜깁기하거나 요약한 가짜 지식을 만들어 낸 글도

—
교양이 있는 대중,
위대한 정신의 소유자가 돼라.

있다. 내용이 부족하므로 자극적이고 과장된 허위 정보를 만들어 내는 것이다. 수익 창출만을 위한 글이 아니라 사실에 대한 자신의 생각을 담은 글을 진솔하게 써야 한다.

글쓰기는 일상을 기록할 수 있는 좋은 경험이자 수익 창출의 방법이 되기도 하면서 많은 관심을 받고 있다. 글의 내용이나 소재보다 더 중요한 것은 표현의 형식, 즉 문체다. 글을 남이 쉽게 읽을 수 있어야 하기 때문에 간단명료하게 구체적으로 써야 한다는 점이 강조된다. 반대로 어렵고 모호하며 추상적인 글쓰기가 철저히 배제되는 이유는 독자의 이해력을 고려해야 하기 때문이다.

오늘날 쇼펜하우어와 같은 글쓰기를 고집하는 사람은 드물지만 좋은 글의 조건과 방향성에 대해 공감할 부분이 많다. 좋은 글을 쓰기 위해서는 이윤보다는 사물 자체에 대한 철학적인 성찰이 꼭 필요하다.

S

글이 명료해야 쉽게 읽고, 진솔해야 공감된다.

4장

어떤
사람으로
살아야 하는가

쇼펜하우어의 관계

18

영원을 위해
사랑한다

| 본능 |

"사랑은 수많은 모습을 하고 나타난다. 슬픔과 환희, 고통과 즐거움, 천국과 지옥의 경험을 동시에 할 수 있는 것이 바로 사랑이다."

사랑과 연애, 그리고 결혼은 인류가 태어난 이래 지금까지 이어진 영원한 관심사다. 사랑 때문에 사람들은 싸우고, 자살을 하기도 하며, 성직자도 결혼의 유혹에 빠트리기도 한다. 이기적인 사람도 사랑에 목을 매고 까다로운 사람도 첫눈에 사랑에 빠지는 일을 보면 사랑은 예측할 수가 없다. 우리나라에서 데이팅 프로그램이 인기를 끌고, 러브라인이 빠진 드라마는 섭섭하며, 불륜이나 출생의 비밀 등 다소 충격적인 소재들이 인기 있는 것은 사랑에 대단한 관심을 보여 준다고 할 수 있다.

우리는 '사랑' 하면 풋풋한 첫사랑, 짝사랑을 떠올린다. 대부분 이뤄지지 않은 그리움은 고스란히 추억으로 남는데, 이런 실패한 사랑을 '플라토닉하다'고 미화하기도 한다. 영화 〈건축학개론〉이 얼마나 큰 인기를 끌었던가.

사랑은 영원히
살아 있음을 상징한다

쇼펜하우어에게 남녀의 사랑은 기본적으로 정신적인 사랑이 아니라 육체적인 관계를 염두에 둔다. 실제로 남녀의 사랑은 성적 본능에서 비롯되는 경우가 많다. 남녀가 사랑에 빠지는 이유에 얼핏 성격, 경제력, 학벌 등 개인적인 조건이 중요해 보이지만 그것은 착각이다. 인생이라는 무대 위에서 각자는 사랑을 하는 단역 배우고, 그 무대의 각본은 종족 보존이라는 목적으로 쓰였다. 개인은 이런 자연의 의도나 계획을 알지 못한 채 자신이 좋아하는 사람을 찾는다고 생각한다.

성욕은 인간의 욕망 중에서 가장 크다. 이는 자기 보존의 욕망으로 우리의 일상에서 가장 강렬하게 작용하는 본능이다. 인간이 지닌 욕망 중의 욕망인 셈이다. 우리가 비록 깨닫지 못하고 있다고 해도 남녀의 사랑에서 최종적인 목적은 후손을 낳는 것이고, 그것을 위한 전제는 육체적인 접촉이다.

삶에의 의지는 아무런 목표나 한계 없이 계속 노력하며, 그 정점은 생식이다. 정점에 도달하면 모든 것은 급속히 식고 쇠퇴한다. 플라톤은 "백발의 시기가 되면 그때까지 우리를 끊임없이 괴롭히던 성욕에서 드디어 벗어난다는 점에서 행복하다"라고도 했다. 쇼펜하우어는 성욕이 인간을 경미한 망상에 빠트리며, 성욕이 소멸해야 비로소 완전히 이성을 찾는다고도 했다.

자연의 새로운 개체인 후손 또한 종을 유지하기 위해 똑같은 사랑을 되풀이한다. 인간의 욕망은 신체와 분리될 수 없는데, 두 가지 큰 욕구는 개체의 유지와 종족 번식이다. 결국 성적 욕망의 충족은 짧은 시간에 이뤄지는 자기 만족이 아니다. 자신의 죽음을 넘어 삶을 긍정할 뿐만 아니라 삶을 연장하려는 행위다. 성적인 만족, 흔히 오르가즘이라고 불리는 쾌감은 개인이 한순간 느끼는 즐거움이 아니라 영원한 미래에 죽어 없어질 자신의 삶을 이어 가는 것이다. 쇼펜하우어는 말했다.

"생식은 삶을 유지하고 시간에 무한한 삶을 보증하는 원리다."

성욕은 '이 세상에서 내가 영원히 사라져 버릴 것'이라는 죽음에 대한 불안을 극복하는 방법이다. 죽음이 없다면 남녀 간의 사랑도 없을지도 모른다. 성행위는 개인의 쾌락을 위한 것이라고 생각하지만, 우리가 의도하지 않았으나 나의 삶이 자식을 통해 계속 이어지기를 바라는 것이다. 이 세상을 영원히 사는 방법은 자손을 남기는 것이기 때문에 성행위는 죽음을 철저히 부정하면서 더욱더 살려고 하는 간절한 의지의 표현이다. 내가 죽어서 사라져 먼지가 되더라도 나의 생명은 이곳에서 영원히 살아남기를 바라는 것이다.

이렇듯 쇼펜하우어가 말하는 사랑은 달콤한 환상 뒤에 이 세상에 영원히 남으려는 의지가 강하게 작동한다. 우리는 그런 사실을 전혀 알아채지 못한다. 이런 점에서 생식의 목적은 죽음을 넘어서 영원한 삶에 대한 욕망을 실현하는 데 있다. 또한 그것은 개인의 살려는 의지를 실현한 것이 아니라 종족의 의지를 실현한 것이다.

예를 들어, 사람은 자신의 취향대로 상대방을 골라서 자유롭게 연애를 하고 결혼을 해서 아이를 낳는다고 착각한다. 하지만 실제로는 자기 집안의 대를 이은 것에 불과하다. 쇼펜하우어의 주장대로라면 상대방에게 프러포즈를 해서 차이는 경우는 개인의 슬픔이 아니라 그 집안의 대가 끊길 수 있다는 점에서 큰 상처가 된다. 실연은 개인의 아픔이 아니라 그 집안의 생명이 끊기느냐 이어지느냐의 중대한 일인 것이다. 그 바탕에는 영원히 죽지 않고 존재하려는 삶에의 의지가 있다.

우리는 여러 매체를 통해 사랑의 기쁨, 슬픔, 이별, 절망 등을 여러 형태로 접한다. 쇼펜하우어는 그런 달콤한 사랑 뒤에는 종족 보존이라는 자연의 전략이 숨어 있다고 본다. 유기체가 생식의 전략을 통해 죽음을 극복하는 것은 거미, 말벌, 인간 등 모든 생명체에서 확인할 수 있다. 생식이 유기체의 궁극적 목적이자 가장 강한 본능인 이유는 종족 보존을 통해서만 의지가 죽음을 극복할 수 있기 때문이다. 사랑은 본질적으로 성욕의 실현이다. 쇼펜하우어는 말했다.

"이 세상 모든 남녀의 사랑은 아무리 별나라의 모습을 하고 있더라도 성욕이라는 본능을 근거로 한다. 즉 남녀의 사랑은 예외 없이 이 본능이 특수화되고 한정되고 개체화된 것뿐이다."

성욕은 영원히 생존하려는 의지의 긍정이다. 이 세계를 삶에의 의지로 본다면, 그 의지가 가장 두드러지는 것은 바로 생식 행위다. 봄날에 벚꽃이 활짝 피는 것, 물고기가 수십억 개의 알을 낳는 것 모두 살려는 의지를 분명하게 나타내는 것이다.

사랑은 영원한 생존에 대한 의지의 발현이다. 우리의 사랑은 새로운 생명의 탄생을 통해 계속 이어진다. 우리가 끊임없이 누군가를 사랑한다면 인류의 생명은 영원히 이어질 것이다. 사랑은 우리가 살아 있음을 나타내는 영원한 상징이다.

사랑의
형이상학

에로스의 어원은 그리스 철학자 플라톤에서 유래했다. 에로스는 결핍을 채우려는 욕망으로 얼핏 에로틱과 관련된 것 같지만 오해다. 플라토닉한 사랑의 어원인 에로스는 완전한 지혜를 갖춰 아름다운 영혼이 되기 위한 과정을 일컫는다.

쇼펜하우어는 사랑은 성적인 관계를 전제하므로 단순히 쾌락만이 아니고 죽음으로 끊어지는 생명의 의지를 이으려는 노력으로 봤다. 남녀의 성관계가 사랑의 최초의 행위이자 출발점으로 나타난다.

현재의 우리나라는 사실상 유교적인 전통과 남아 선호 사상이 없어지면서 남성 중심적인 사회에서 남자의 역할이 줄어들고 제사 등 형식적인 의례가 많이 사라졌다. 이제는 대를 잇기 위해 결혼을 요구하지 않아도 된다. 대가 끊기는 것을 막기 위해, 종족 보존을 위해서 사랑을 한다는 쇼펜하우어의 생각은 유교적인 전통과 비슷한 점이 있다.

가장 슬픈 일은 내가 죽어서 이 세상에 나의 유전자가 없다는 점이다. 그래서 부모들은 자식보다 먼저 죽는 것을 행복이라고 생각하고, 자식이 자신보다 더 빨리 죽는 것을 가장 큰 고통으로 여긴다. 자식은 나의 삶의 연장이기 때문이다.

출산율이 세계에서 최저 수준인 우리나라 사람들에게 사랑의 목적이 생명의 보존이라는 쇼펜하우어의 주장은 다소 설득력이 떨어질 수 있다. 출산을 기피하는 이유가 경제적인 문제, 교육 문제, 경력 단절 등이 있지만, 나의 삶을 연장하지 않아도 된다는 체념과 우리 자식에게 미래가 없다는 우려가 크게 작용하는 것이 아닐까. 성에 대한 의식도 많이 바뀌다 보니 자유롭게 연애하고 헤어지는 일을 반복한다. 사랑을 일상의 일부분으로 여길 뿐 그렇게 심각하게 생각하지 않는다. 그렇지만 사랑이 죽음을 넘어서기 위한 행위라는 쇼펜하우어의 주장은 생각해 볼 만하다. 우리가 이런 '사랑의 형이상학'을 알면 쾌락과 환상에 이끌려 타인을 만나고 헤어짐을 반복하는 것을 깨달을 수 있다.

S

사랑하면서 사랑을 배운다.

19

사랑은 이상향이자
현실이다

| 연애 |

"우리의 다른 본능처럼 사랑은 환상의 옷을 입고 나타나는 경우가
많다."

우리는 사랑하는 사람과 인연이 맺어지면 영원히 행복할 수
있을 것이라고 생각한다. 사랑하는 사람에게 세상은 한없이 아
름답다. 사랑에 빠지면 모든 것이 기쁨과 넉넉함으로 다가온다.
사랑의 환상은 짜릿하면서도 황홀한 기억이 된다. 반대로 사랑
에 실패한 사람들은 낙담하여 삶을 포기하기도 하며 이뤄진 첫
사랑이 불행으로 이어지는 경우도 많다.

사실 사랑은 현실적인 조건이나 미래의 계획을 외면한 환상

에 가깝다. 그 환상에 속아서 자신을 희생할 수 있는 사랑이 위대하다고 착각하는 것이다. 또한 사랑은 연인에 대한 소유욕, 질투심, 증오심 등과 결합하여 사회적 문제를 낳기도 한다. 쇼펜하우어에 따르면 우리가 연애에 빠졌을 때 느끼는 모든 행복 감정은 모두 환상에 불과하다.

사랑에 빠지면 콩깍지가 씌이는 이유

흔히 눈에 콩깍지가 씌이면 상대에게 없던 매력도 생겨나게 된다. 남자는 자신의 개성과 특질에 잘 적응하는 여자를 바라며, 그런 여자가 나타났을 때 목숨을 바칠 각오로 희생적인 사랑의 전사가 된다. 대부분 성적인 매력에 이끌려 사랑에 빠지면서 연애는 '자신의 일'이라고 착각을 한다. 사랑을 쟁취하려는 욕망은 너무나 강하며 그것이 이뤄지지 않으면 극단적인 선택을 할 정도로 사랑의 환상은 인간의 이성적 판단을 마비시킨다.

그래서 모든 연애는 성적인 환상을 통해 이뤄지며, 이런 눈먼 사랑의 바탕에는 남성의 성욕이 자리 잡고 있다. 남녀가 데이트를 할 때 잘 차려입고 거울을 보면서 외모를 고치는 이유는 바로 성 충동에 있다. 인간은 이런 사랑의 묘약에 속아서 상대방과의 만남을 행복과 만족으로 느낀다. 앞서 이야기했듯이 사랑의 목적은 현실적으로 2세를 낳는 데 있다. 이런 이기적인 행위를 통해서 자연이 이루려는 인류의 종족 유지라는 목적이 은밀하게 달성된다.

정신적인 교감이 바탕인 연애는 쇼펜하우어에게 하나의 환상이다. 실제로 사랑의 본질은 '생명의 보존'에 있기 때문에 철저히 신체적인 조건을 따진다. 우선 나이를 볼 때 남자는 가임 기간의 여성을 매력이 있다고 느낀다. 남자들에게는 출산이 불가능한 나이가 된 여자는 성적 매력의 대상에서 제외된다. 따라서 미모가 없는 젊은 여성을 본래 타고난 미모의 나이 든 여성보다 더 매력 있게 느낀다. 일단 제외하는 경향을 보이는 셈이다.

젊은 여자는 미모가 없어도 젊다는 이유 하나만으로 매력적인 대상이 될 수 있으며, 나이가 든 여자는 본래 타고난 미모라고 해도 젊음에 비해서 매력의 대상과 경쟁이 안 된다. 남자는 여성의 몸매에도 관심을 갖는데, 그것은 출산뿐만 아니라 육아의 가능성도 본다는 것이다. 특히 남자가 큰 엉덩이와 큰 가슴에 집착하는 이유는 풍만한 젖가슴이 유아에게 충분한 영양을 제공할 것이라고 본능적으로 생각하기 때문이다. 소위 에스라인의 몸매는 현재의 남자와는 관련이 없으며 태어날 아이의 생존과 관련된 조건이다.

우리는 사랑의 지배를 받고 있다고 해도 과언이 아니다.

여성의 경우에도 남성의 큰 키를 보는 경우는 장차 아이가 그렇게 좋은 유전자를 받기를 은근히 기대하기 때문이다. 이처럼 우리가 생각하는 정신적인 사랑은 하나의 환상에 불과하며 실제로는 건강한 아이를 낳으려는 욕망이 지배하고 있다는 것이다. 물론 이런 현상은 이성적으로 판단하는 것은 아니며 본능적으로 파악하는 것이다.

그래서 이성을 사귈 때 재산이나 학력을 포함한 배경은 부차적이다. 그 사람이 본래 갖고 있는 외모와 같은 신체적인 특징이나 성격과 같은 장점이 더 고려되는 것이다.

서로의 차이만 기억한다면
사랑은 행복한 착각이다

누구나 소중한 첫사랑의 기억이 있을 것이다. 가슴이 설레고 만나고 헤어지면 또 보고 싶어 잠을 이루지 못한 날들이 있었을 것이다. 한편 여성과 남성은 서로 다른 언어, 욕구, 감정의 차이를 겪는다. 같은 말을 해도 다르게 알아듣거나, 같은 것을 보고 다르게 받아들이기도 한다.

영화 〈왓 위민 원트〉는 어느 날 갑자기 사고로 여자들의 생각이 들리게 된 남자를 통해 여자와 남자의 차이를 보여 준다. 광고 회사의 중역 닉 마샬은 새로 취임한 여성 광고 기획자로부터 여성 소비자의 취향을 파악하라는 지시를 받는다. 그는 여성의 심리를 알기 위해 매니큐어를 칠하고 팬티스타킹을 신고 헤어 드라이를 하다가 욕조에서 전기 감전이 되는데, 그 후에 여자들의 생각이 들리는 신비한 경험을 한다. 그는 여성들의 생각을 알고 훌륭한 광고 기획을 하게 된다.

책《화성에서 온 남자 금성에서 온 여자》는 남녀의 차이를 이해하고 사랑을 유지하는 방법을 소개한다. 존 그레이는 남자와 여자가 서로 다른 행성 출신이라는 비유를 통해 그들의 언어, 감정, 욕구, 행동 등의 차이를 설명했다.

이처럼 전혀 다른 생각을 지닌 남자와 여자가 사랑에 빠지는 이유를 쇼펜하우어는 출산이라는 목적에 있다고 봤다. 사실 연애 감정은 출산이라는 자연의 목적에 맞지 않다. 사랑을 통해 느끼는 천국과 지옥은 하나의 착각이다. 연애 결혼보다 중매 결혼을 한 사람들이 더 행복하게 살 수 있는 이유가 있다. 연애 결혼을 한 사람은 동물적인 매력에 끌린 후 출산이라는 목적을 달성하면 모든 환상이 깨지고 열정은 바로 사라지기 때문이다. 조건을 맞춘 결혼은 현실적이기 때문에 환상이 덜하다.

사랑은 완벽함을 위한 갈망에서 비롯된다. 따라서 사귀게 될 상대방의 경제적인 조건을 따지든, 외모나 재능을 따지든 나쁜

것은 없다. 자신의 결핍을 채우기 위해 사랑이든 연애든 각자가
선택할 일이기 때문에 강요할 일은 아니다. 가끔 조건이 완벽한
사람이 결혼하지 않는 경우도 있지만 인간은 언젠가 혼자 죽을
수밖에 없는 운명이다. 자신밖에 모르는 이기적인 인간도 사랑
의 마력에 이끌려 타인에 관심을 갖고 서로 공감하며 함께 인생
을 만들어 가고 싶어진다. 사랑에 빠지면 모든 유행가가 자신의
마음을 나타내는 것 같이 느껴지기도 한다. 그러나 인간의 마음
이 늘 변하고 인생은 짧기 때문에 영원한 사랑은 없다. 다만 영
원할 것 같은 착각 덕분에 덧없는 인생에 우리는 잠시 웃고 우
는 추억의 시간을 함께한다.

S

슬픔과 환희, 고통과 즐거움, 천국과 지옥의 경험을
동시에 할 수 있는 것이 바로 사랑이다.

20

결혼은 공동의
실존이다

| 결혼 |

"결혼은 이해할 수 없는 행위들의 반복이다."

성행위를 끝내고 나서 허탈감을 느끼는 경우가 많듯이 결혼
을 한 후에 속았다는 느낌을 갖는 경우가 많다. 그것은 성욕이
라는 것이 얼마나 허망한 것인지를 깨닫기 때문이다. 성욕에 눈
이 먼 사람들은 미친 듯이 서로를 갈구하지만, 성욕이 "호사스
러운 세계의 모든 속임수 중의 정수"라는 것이 곧 밝혀진다. 성
욕은 충족되지 않을 때는 많은 것을 기대하게 만든다. 무한하며
엄청난 것을 약속하지만, 실제로 그 결과는 보잘것없다. 모든
욕망이 충족되기 전과 충족된 후가 다르지만 특히 성적 만족의

경우는 그 차이가 분명하다. 그래서 쇼펜하우어는 그 욕구를 두
고 이렇게 말했다.

"정열은 착각하게 하는 환상에 의존하고 있으므로, 종의 목적
이 달성되면 기만은 더 이상 필요하지 않다."

사랑과 결혼
그 후를 내다보라

결혼은 최근 반드시 해야 할 의무가 아니라 선택지가 됐다.
결혼한 사람뿐만 아니라 결혼하지 않은 사람도 결혼 이후에 생
기는 여러 가지 문제점을 잘 알기 때문이다. 그럼에도 연애 때
는 다 안다고 생각했던 사람이 결혼한 후에 어떻게 전혀 다른
사람으로 변하게 되는지 놀라기도 한다. 그 뜨겁던 사랑이 연탄
재처럼 식어 버리기도 한다.

김종서의 노래 〈아름다운 구속〉을 꿈꿨는데 현실은 무서운
'감옥'을 경험하게 된다. 사랑만 믿고 결혼했는데 돈 문제, 가치
관과 생활 습관의 차이로 갈등이 점점 더 심해져 결국 이혼까지
가는 경우가 많다. 그래서 어느 프로그램에서는 결혼을 통해 남
성과 여성이 모두 젊을 때의 자유를 빼앗기고 가족을 책임져야

하는 결혼을 '지옥'으로 표현하며, 이혼한 부부의 고통을 당당하게 다루는 경우가 많다.

이런 원인에는 무엇보다 사랑에 눈이 멀어서 닥쳐 올 현실을 제대로 보지 못한 자신의 탓이 있다. 쇼펜하우어가 말했듯이, 사랑은 종족 보존을 위한 자연의 기만이다. 이런 속임수는 아주 이기적이고 타산적인 인간이 서로 결합하여 사랑하도록 우리의 마음에 심어 둔 자연의 계략이자 속임수다. 우리는 자연에 속아서 결혼을 했는데, 곧 그것이 기만이라는 사실을 알게 되고 고달픈 현실을 마주하며 후회하게 된다.

그래서 인생의 몇 수를 내다보는 사람은 결혼을 하지 않는다. 니체는 "철학자는 결혼하지 않는다"라면서 독신의 중요성을 강조했지만, 그 대가는 혹독하다. 그의 후손이 없다. 만약 결혼 이후의 어려운 현실을 알 수 있는 지혜를 가졌다면 니체처럼 혼자 자유로운 정신으로 마음 편하게 살았을 텐데, 그때나 지금이나 홀로 사는 사람의 마지막에는 행복하지 않은 죽음이 기다리고 있다.

니체의 마지막도 몇 명 남지 않은 친구가 함께했으며 오랜 병간호는 평생 사이가 좋지 않았던 어머니와 누이가 불평 없이 도맡았다. 니체가 이미 정신을 잃을 상태여서 전혀 몰랐지만 힘들 때 도와주는 것은 가족뿐인 것이다.

많은 것을 기대하지 않으면
행복에 가까워진다

사랑이라는 환상에 속아 결혼한 사람이 불행하다면, 그런 환상을 미리 알고 혼자 사는 사람은 행복할까? 어차피 둘 다 불행한 것은 마찬가지다. 차이점이라면 어쨌든 결혼을 한 사람은 가족이라는 든든한 울타리가 있지만, 혼자 지내는 사람들은 어쩌면 고독한 죽음이라는 최후를 준비해야 될지 모른다.

아이를 키워 본 사람이라면 다 알지만, 아기 때 기저귀를 갈면서 부모님의 고충을 간접적으로 깨닫게 되고, 아이를 출산해 본 여성은 어머니의 산고를 알게 된다. 그리고 직장에서 열심히 일하고 사업하면서 고단한 삶을 통해 가족을 부양해야 하는 남자들은 왜 아버지의 어깨가 그렇게 무겁게 느껴졌는지 뒤늦게 알게 된다.

결혼을 통해 우리가 기억하지 못하는 우리 자신의 어릴 적 성장 과정을 간접적으로 보면서 우리 부모님의 고충도 알게 된다. 불평불만 없이 우리를 키우느라 고생하신 부모님의 결혼 생활에도 그늘이 있었을 것이다.

결혼하면 불행하고 결혼하지 않아도 불행하다면 무엇을 선택할 것인가? 우리가 자연에 속는 일은 반복된다. 이혼을 한 후 혼자 사는 경우도 있지만 다시 다른 이성의 매력에 빠져 사랑을 하는 일이 흔하다. 세상에는 늘 멋지고 잘생긴 이성이 있기 때문에 만나기도 하지만 헤어지기도 한다. 따라서 이혼을 하면 고생이 끝날 것이라는 판단은 잘못된 것이다. 왜냐하면 어디선가 또 다른 사랑이 나를 기다리고 있을지 모르기 때문이다. 사랑과 연애, 결혼에 너무 많은 것을 기대하지 않는 것이 좋다. 잠시라도 행복했다면 충분하다.

S

사랑의 힘 앞에서 굴복하지 않는 것은 아무것도 없다.
하지만 사랑을 얻는 대신 다른 무엇을 잃기도 한다.

21

인간은 더 완벽해지기 위해 사랑을 한다

| 조건 |

"결혼은 자신의 권리는 절반으로 줄이고, 의무는 배로 늘리는 행위다."

최근 우리나라에서 결혼하는 비율이 떨어지고 이혼율이 높아지는 이유는 결혼을 통해 자신의 자유가 줄고 구속이 늘어난다는 생각이 보편화됐기 때문일 것이다. 결혼 이후 맞닥뜨리는 고단한 현실은 사랑에 빠졌을 때는 전혀 예측하지 못한 일이다. 특히 자신을 돈 버는 기계쯤으로만 취급받고 가족과 전혀 소통하지 못하는 경우 그 갈등이 더욱 커질 수밖에 없다.

그럼에도 사랑에 누구나 진지해질 수밖에는 없는 이유는 자신의 후손이 만들어지기 때문일 것이다. 사랑을 통해 느끼는 기쁨이나 고통은 우리가 의식하지 않는다고 해도 인류의 종족 보존이라는 대전제에서 이뤄진다. 쇼펜하우어는 사랑을 인류 전체의 생존 문제로 바라봤다.

"모든 연애는 인류의 생존에 대한 진지한 성찰이다. 이 세상에 사랑이 존재하지 않는다면 우리는 지금 이 순간부터 멸종의 길을 걷게 될 것이다. 지금 우리가 살고 있는 시대는 이전 세대의 사랑에 전적으로 의존하고 있고, 미래의 세대는 우리의 사랑에 의존하고 있다."

나와 반대인 사람에게
끌리는 실존적 이유

쇼펜하우어에게 성은 자신의 후손을 만들어 내는 일이라는 사실에 목적이 있다. 우리 생명의 유한성은 후손을 통해 극복될 수 있다. 생명 존속이라는 본능은 결코 포기할 수 없는 것이다.

그러나 그에 앞서 선행돼야 할 것은 사랑의 진정한 목적을 인식하는 것이다. 우리는 자신의 결함과 정반대 성격의 결함을 가진 상대방을 매력적이고 아름답다고 생각하기도 한다. 이것이 반대인 사람에게 더 끌리는 이유일 것이다.

키가 작은 남자가 키가 큰 여자를 좋아하기도 하고, 피부가 하얀 사람이 피부가 까무잡잡한 사람을 좋아하기도 한다. 특히 남자는 자기와 어울리는 아름다운 여자를 발견하면 굉장한 애정을 느낀다. 그리고 그 여자와 결혼했을 경우에 누리게 될 행복을 아름다운 꿈으로 그린다. 아름다운 이성을 통해 자기 자신을 보다 완전하게 유지할 수 있기 때문이다. 그러나 여성은 외모를 중요하게 보는 남성과 달리 이성이 가진 내면의 장점을 보는 경우가 많다. 예를 들면 성실, 친절, 배려 등을 더 고려한다.

이런 진정한 사랑의 가치를 인식하지 못한 채 뜨거운 정열과 무책임한 성적 욕구만을 추구한다면 그 사랑은 공허와 후회만을 남기게 될 것이다. 기만 뒤에 남는 진실은 후손이다.

처음에 사랑에 빠진 사람은 진지하며 자기의 보존을 위해 열심이다. 사랑과 성욕은 아주 밀접한 관계에 놓여 있다. 사랑을 하는 사람들은 자기의 후손을 만들기 위해 욕망한다. 사랑을 통해 우리는 우리의 생명을 존속하는 생명을 잉태할 수 있다. 출산이 목적인 성적인 사랑은 다음 세대를 구성하는 점에서 매우 중요하다. 인간은 우생학적으로 좋은 유전자를 얻으려고 노력한다. 이렇듯 쇼펜하우어는 사랑을 자신의 쾌락을 위한 것이 아니라 미래의 생명을 낳기 위한 행위라고 봤다.

따라서 두 사람이 눈길을 처음 주고받을 때부터 이미 미래의 부모가 되기 위한 본능이 작동한다. 처음 눈길을 주고받을 때부터 이미 새로운 생명의 가능성이 생겨난다. 미래에 어떤 아이를 낳을지 무의식적으로 고려하게 된다는 것이다. 남성이든 여성이든 사랑을 통해 자신의 결함을 보완할 가능성이 있기 때문에 좋은 유전자가 매력을 끈다. 무엇보다 예쁘거나 잘생긴 얼굴이 호감을 끈다. 오똑한 코, 시원한 눈, 예쁜 이마 등은 남자들이 선호하는 여성의 조건이다. 여성은 자신이 갖지 못한 남성의 고유한 특징을 좋아한다. 딱 벌어진 어깨, 근육, 수염, 곧은 다리 등 외모뿐만 아니라 용기 같은 성격도 고려한다. 그래서 "용기 있는 자가 미녀를 얻는다"라는 속담도 생겨났다.

사랑을 현실적으로 인정하라

쇼펜하우어의 사랑, 연애, 결혼에는 온통 생식 이야기만 나와서 거부감을 갖는 경우가 많다. 그렇지만 실제로 자연이 인간을 속이는 방법은 고차원적이다. 쇼펜하우어는 이를 〈성애의 형이상학〉으로 이름을 붙였다. 만약 처음부터 자연이 인간에게 종족 보존만을 강요했다면 누구나 거부감을 가졌을 것이다.

자연은 인간을 속이기 위해 10대부터 20대까지 최고의 매력을 줬다. 좋은 피부, 건강한 모발, 밝은 목소리 등으로 이성에게 호감을 갖게 만드는 것이다. 누구에게나 하나쯤 매력은 있다. 본인만 모르고 남은 아는 그런 매력이다. 아무것도 없다면 젊음이 매력이다.

40대가 되면 나의 청춘 자체가 아름다웠다는 것을 뒤늦게 알게 된다. 누군가에게 한 번은 고백을 하거나 고백을 받은 적이 있을 것이다. 전혀 모르는 이성을 보고 첫인상에 가슴이 설레고 잠을 이루지 못한 기억이 있을 것이다. 막상 얼굴을 보면 말을 못해서 헤매던 기억이 있을 것이다. 진실된 사랑을 한 기억이 있을 것이다.

자연에서 보면 진짜로 속은 것이다. 남의 시선을 끄는 것, 특히 이성의 관심을 끄는 것은 남녀의 차이가 있지만 건강한 신체와 외모다. 10대와 20대가 이성을 바라보는 기준은 매우 까다롭다. 나이 차이가 위아래로 한 살인 경우도 있다. 쇼펜하우어의 생각대로라면 더 좋은 유전자도 고려하지만 잘생긴 외모에 끌린 것이다. 물론 각자 취향이 다르고, 쇼펜하우어가 남성과 여성의 차이를 두기는 했지만 공통점은 외모다. 여성은 키가 크고 잘생긴 남자를, 남성은 얼굴이 예쁜 여성을 원한다. 자연이 원하는 바는 다른 것을 덜 고려하고 잘생긴 외모의 사람과 사랑

사랑의 진정한 목적을 찾으면
사랑이 달라질 것이다.

에 빠지는 것이다. 이런 감정으로 사랑하는 사람과 영원히 함께 하고 싶은 것이 이상적인 사랑의 모습이다. 자연은 인간이 사랑을 할 때 이것저것 따지기를 바라지 않는다. 젊고 예쁘고 멋있는 사람과 정열적인 사랑을 하길 바란다. 비록 결혼을 하면 그런 환상에서 완전히 벗어나 현실을 마주하게 된다. 서로에게 기대가 컸던 만큼 실망도 커지기 마련이다.

결혼을 할 때 학벌, 경제적인 능력, 집 등을 꼼꼼하게 따지는 경우는 그런 조건이 없어지면 상황이 더 나빠지기 때문이다. 실망해서 헤어지는 것은 매한가지다. 외모에 속아서 결혼한 사람은 배우자가 외모가 달라지거나 늙으면 실망한다. 돈을 보고 결혼한 사람은 재산이 없어지면 실망한다.

구석기 시대라면 몰랐던 현실들을 인터넷이나 TV를 통해서 알게 됐다. 이 세상에 멋진 사람이 너무나 많다는 사실을 깨닫고, 결혼의 현실뿐만 아니라 실패 사례를 보면서 상대방에 대한 조건이 너무 높아지고 있다. 자연은 인간이 눈먼 사랑을 하기를 원하는데, 인간은 너무나 따지려고 든다. 그래서 태어난 아이를 통해 인간을 가족이라는 제도로 구속할 수밖에 없다. 쇼펜하우어는 다음과 같이 말한다.

"조건을 고려해서 이성적으로 선택한 결혼에는 본능에 이끌린 사랑 같은 정열이 없다." 그러나 "성적인 매력에만 이끌려서 결혼하면 평생 후회와 탄식을 안겨 줄 반려자를 얻을 것이다."

경제적인 조건을 보는 중매 결혼이나 콩깍지에 씌인 연애결혼이나 불행하기는 마찬가지다. 결혼은 행복을 위한 지름길이 아니며 이혼은 불행의 종지부가 아니다. 뇌에서 분비되는 도파민의 분비로 유지되는 사랑의 유효 기간이 18개월에서 30개월이라는 연구 결과가 있다. 젊을 때 사랑의 감정은 덧없는 것이며 결혼은 현실이라면, 가끔 연애할 때 주고받았던 편지나 문자를 보면서 연애할 때를 기억하는 것도 상대방의 소중함을 다시 확인하는 방법일 것이다.

S

소중한 것은 시공간을 넘어 이어진다.

22

당신의 거리를
유지하라

| 관계 |

"서로 견딜 수 있는 적당한 간격을 발견했다. 그것은 바로 정중함
과 예의다."

쇼펜하우어는 단 한 명의 친구도 없이 혼자 지냈다. 가족도
없었고, 조국도 없었다. 오직 애완견 아트만이 곁에 있었다. 쇼
펜하우어는 아트만과 산책하는 일이 일상이었다. 이런 쇼펜하
우어에 대해 니체는 저서 《교육자로서의 쇼펜하우어》에서 이렇
게 썼다.

"한 명의 친구가 있느냐 또는 한 명의 친구도 없느냐 하는 차

이는 무한한 것."

인간은 혼자 있기를 좋아하면서도 타인과 어울리는 것도 즐
긴다. 고독과 사교성은 동전의 양면이다. 쇼펜하우어는 스스로
홀로 설 수 있는 힘을 강조했다. 자족하는 삶을 살기 위해서는
타인으로부터 독립할 줄 알아야 된다는 것이다. 하지만 인간은
여러 가지 이유로 타인에 의존하며 인정받고 사랑받고 싶어 하
는 나약한 존재다. 그러면서도 인간은 고독의 끝에서 다른 사람
과 함께하려는 욕망이 있다. 쇼펜하우어는 '홀로서기'와 '함께하
는 삶' 사이의 갈등을 '고슴도치의 우화'를 통해 풀어낸다.

추운 날씨에 고슴도치들은 얼어 죽지 않으려고 달라붙어 하
나가 되지만, 그들의 가시가 서로를 찌르는 것을 느껴 떨어진
다. 그러나 추위를 견디지 못해 한 덩어리가 됐다가 떨어지기
를 반복하다 결국 상대방의 가시를 견딜 수 있는 적당한 거리를
찾는다. 서로를 따뜻하게 하고 싶어 하지만 서로의 바늘 때문에
접근할 수 없었고 서로 일정한 거리를 두고 체온을 나눴다는 지
혜다.

"많은 수의 모임과 헤어짐을 반복한 고슴도치들은 다른 고슴
도치와 최소한의 간격을 두는 것이 최고의 수단이라는 것을 발

견했다."

　인간관계의 어려움은 세상을 살아가는 데 꽤나 힘든 과제이기도 하다. 직장에서 상사와 동료, 가정에서 부모와 자녀, 학교에서 선생과 학생들이 잘 지내는 일은 어렵다. 고슴도치의 딜레마를 통해 타인에게 상처를 주지 않고 공존하는 지혜를 배워야한다.

상처를 주지도
받지도 마라

　낳고 키운 아이들도 커 가면서 점차 부모의 잔소리나 참견을 싫어한다. 사춘기를 지나는 청소년 때 부모와 정신적으로 분리하는 과정에서 이런 갈등이 생겨난다. 사회에서 사업으로 사람을 만나는 경우에도 의기투합을 하면 할수록 사소한 말다툼을 하기 쉽다. 서로 사랑하는 사이에서도 크고 작은 갈등은 자주 일어난다. 사람은 서로 가까울수록 마음에 상처를 주는 일이 많아진다. 그래서 우리 인생은 수많은 만남과 헤어짐으로 이어지는데 나도 다른 사람도 마음이 아프지 않도록 마음의 간격을 둘 필요가 있다.

쇼펜하우어의 비유처럼 사회를 이루는 인간은 어떤 이유에서든 다른 사람들을 만나게 되면서 '가시'를 세운다. 마음을 터놓는 사이가 되면 자신의 본성을 드러내기 마련이다. 즉 인간의 본성인 이기심, 시기심, 자존심 등 때문에 서로의 마음에 아픔을 주는 일이 많아진다. 가족, 연인 같은 사랑의 감정으로 맺어진 관계도 마찬가지다.

우리는 어떻게 타인에게 상처를 주는 것인가? 고슴도치의 비유처럼 인간은 가깝고 친할수록 상처를 줄 가능성이 높다. 다른 사람과 친밀한 관계를 맺는다는 것은 결국 타인을 자신의 욕망과 동일시한다는 것이다. 상대에게 자신이 바라는 모습을 강제하는 것도 폭력이 될 수 있다. 상대방을 자신의 소유물로 여기다 보면 아픔을 주는 막말을 하게 된다. 부모는 자식이 본인이 이루지 못한 꿈을 대신 성취하기를 바란다. 남편과 부인은 서로 결혼한 사이라고 해서 최소한의 예의를 갖추지 않는 경우도 있다. 사랑하는 사이도 말 한마디 실수로 만남이 깨지는 일이 생긴다.

이와 비슷하게 동양에 "불가근불가원(不可近不可遠)"이라는 고사성어가 있다. 너무 가깝지도 않게, 너무 멀지도 않게 하라는 경고로 중용의 의미와도 비슷하다. 그러나 실제 의미의 맥락은 전혀 다르다. 〈논어〉 양화편에 나오는 본래 공자의 말은

"첩과 종은 부리기 어렵다. 잘 대해 주면 기어오르고 쌀쌀하게 대하면 원망한다. [唯女子與小人 爲難養也 近之則不孫 遠之則怨]"로, 소인배(첩, 종)를 대할 때 가까이하면 다치기 쉽고, 멀리하면 해코지하니 적당한 거리를 두어야 한다는 뜻이다.

쇼펜하우어의 "상대를 공경하되 거리를 두라"라는 말은 공자가 말한 "경이원지(敬而遠之)"에 더 가깝다. 경이원지 또한 상대를 공경하면서 동시에 거리를 두라는 뜻이다. 그 당시 백성들이 귀신이나 미신을 믿는 경향이 많았는데 위대한 지혜로운 지도자라면 '모든 생각에 무조건적인 동의를 하기보다는 불합리하거나 마땅하지 않은 것에 적당한 거리를 둘 줄 아는 것이 중요하다'는 의미로 쓰였다.

상대방이 나와 다르거나 잘못된 생각을 갖더라도 그 인격을 존경해야 상처를 주는 가시 돋친 말을 피할 수 있다. 서로 세상에 대한 관점에 차이가 있다는 점을 인정하고 서로를 폭넓게 이해할 필요가 있다.

함께하기와 거리 두기의 균형을 잡아야 한다

사회란 모두 필연적으로 서로의 순응과 타협을 요구한다. 강요는 모든 사회에서 뗄 수 없이 붙어 다닌다. 모든 사회는 희생을 요구하는데 자신의 생각이 다를수록, 개성이 강할수록 희생이 커진다. 사람을 많이 만날수록, 친구가 많을수록, 좋아하는 사람이 많을수록 접촉 범위가 커지면서 불행을 자초할 수 있는 기회와 환경이 넓어지는 것이다.

인간은 내면이 공허하고 삶이 단조로울 때 다른 사람의 온기를 필요로 한다. 함께 이야기하면서 공감받고, 지지받고, 인정받고 싶은 것이다. 그러나 막상 타인과 생각의 차이를 느껴 실망하면 관계가 다시 멀어진다.

이런 상황을 설명하는 고사성어와 여기에서 유래한 우리 속담이 있다.

"불견상견절치(不見想見切齒)"
"안 보면 보고 싶고 보면 이 갈린다."

상대편을 몹시 그리워하지만 보고 나면 정이 떨어진다는 뜻이다. 그래서 인간관계에 꼭 필요한 약간 냉랭한 거리 두기를 쇼펜하우어는 '정중함과 예의'라고 말한다. 거리를 둘 줄 아는 현명한 사람은 비록 따뜻함의 욕망은 충분히 충족되지는 않지만 가시에 찔리는 최악의 상황을 피할 수 있다. 쇼펜하우어는 인간 사회를 '불'에 비유했다.

"현명한 사람은 적절한 거리를 두고 불을 쬐지만, 어리석은 자는 불에 손을 집어넣고 화상을 입고는 고독이라는 차가운 곳으로 도망쳐 불이 타고 있다고 탄식한다."

마음이 춥다고 느껴 타인의 온기를 필요로 하는 사람은 '내면의 공허, 의식의 빈약, 정신의 빈곤' 때문에 자신과 같은 부류의 사람들과 어울리려고 한다. 유유상종하며 여흥과 오락을 추구하는데, 처음에는 관능적 향락과 각종 즐거움을 맛보려고 하다가 결국 방탕한 생활을 좇게 된다.

다른 사람과 어울리고 싶어 하는 사교의 욕망이 생기는 것은 자신이 불행하다는 반증이다. 타인을 통해 얻는 가치는 행복의 본질이 아니다. 쇼펜하우어의 말을 기억하면 좋다.

"우리의 모든 불행은 혼자 있을 수 없는 데서 생긴다."

도덕적으로 떨어지고 지적으로 우둔하며 불합리한 사람들과 접촉하면 여러 가지 위험과 해로운 일에 노출될 수 있다. 굳이 그런 사람을 만날 이유가 없다. 화상을 입을 수 있기 때문이다.

내면이 충분히 따뜻한 사람은 사회로부터 떨어져 다른 사람에게 고통이나 괴로움을 주거나 받지 않고 혼자 있기를 좋아한다. 부자로 태어났다고 하더라도 외적인 부를 통해 내적인 부를 대신하려고 노력한다. 내면은 빈곤하고 정신이 공허하면 무엇이든지 외부로부터 받아들이려 하지만 소용없다.

많은 인간관계로 결핍을 채우려고 하지만 인간관계는 자칫 화상을 입을 수 있다. 인간이 행복하기 위해서는 '홀로서기'와 타인과 '함께하기' 사이에서 균형을 잡을 필요가 있다. 사랑하는 사람일수록 말을 아껴야 되고 마음에 못을 박는 일은 하지 않도록 조심해야 한다. 쇼펜하우어가 말했다.

"예의는 현명함에 속하고, 무례는 어리석음에 속한다."

고슴도치 우화의 예에는 오류가 있다. 실제로 고슴도치는 상대가 찔리지 않도록 가시를 눕힌다고 한다. 다른 고슴도치가 가까이 접근할 수 있도록 배려를 할 줄 알며 체온을 유지하기 위해서 바늘이 없는 머리를 맞대며 추위를 이겨 낸다고 한다.

이런 과학적 사실을 몰랐지만, 쇼펜하우어가 우리가 타인에게 상처를 주지 않고 배려하는 마음을 고슴도치에게서 배워야 할 덕목으로 본 것은 의미가 있다. 너무 지나친 사랑과 관심 또

한 상처가 될 수 있으므로 약간의 무관심과 냉정함을 통한 '적
당한 거리 두기'라는 현명한 방법을 통해 '서로의 온기를 적당히
보존'할 수 있을 것이다.

S

내면이 공허하고, 의식이 빈약하고, 정신이 빈곤한 사람은
자신과 같은 부류의 사람들과 어울리려고 한다.

23

혼자 있는 법을
익혀라

|고독|

"인간이 사교적으로 되는 것은 고독을, 고독한 상태의 자기 자신
을 견딜 능력이 없어서다."

아리스토텔레스도 행복의 조건을 '자족(스스로 만족)'하는 것
으로 정의했다. 고독의 중요성을 다시 생각하게 된다. 쇼펜하우
어는 고독과 사교성을 대립하는 것으로 본다. 지적인 능력이 클
수록 혼자 지내려는 경향이 강하고 지적 능력이 떨어질수록 어
울리는 경향이 강하다는 것이다. 따라서 고독은 위대한 사람의
특성이다.

고독은 인간의 본래 모습에 가깝다. 친구든 애인이든 가족이

든 나와 완전히 하나가 되는 일은 불가능하다. 각자 개성과 취향, 의견이 달라서 늘 불협화음과 갈등이 생기기 마련이다. 그러나 오직 자기 자신과는 유일하게 완전한 융화가 이뤄질 수 있다. 마음의 평화와 행복은 오직 자신의 고독 안에 생겨난다. 행복을 얻기 위해서 그 원천인 고독을 피하지 말고 그것을 견디는 법을 배워야 한다.

"누구나 자기 자신의 고독한 모습일 때 본래 지닌 것이 드러나기 때문이다."

홀로 있는 능력이 생겼을 때
가치 있게 살 수 있다

고슴도치 같은 사람은 극심한 추위가 닥치면 서로 모여들어 몸을 붙이는데, 스스로 정신적인 온기를 충분히 지닌 사람은 굳이 무리를 지어 모일 필요가 없다. 사교성이 정신을 따뜻하게 하는 것이라면 자신의 체온으로 충분히 지낼 수 있는 사람의 덕목은 고독이다.

인간은 아무리 친한 사람에게도 자신의 비밀을 털어놓을 수 없다. 결국 그런 솔직함이 나중에 뒷담화와 비방의 단서를 제공

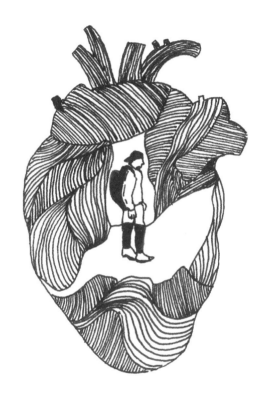

—

언제 어디에서나
자기 자신만으로 충분해야 한다.

하기 때문이다. 우정과 사랑, 결혼으로 이어지는 밀접한 인간관계도 비밀을 보장하지 않는다. 이런 면을 봐서는 다른 사람과 교제가 적을수록 좋다. 잡담, 유흥, 즐거움 뒤에는 가식적인 모습이 있다.

이 세상에서 우리가 의지할 수 있는 것은 바로 나 자신이며, 나 자신을 전적으로 신뢰할 때 가장 행복할 수 있다. 그럴수록 타인의 도움을 필요로 하지 않기 때문에 타인에게 기대할 일도 없고 상처받을 일도 드물다. 혼자서도 행복할 수 있는 사람은 굳이 다른 사람과 만나 희생할 필요가 없다.

인간이 다른 사람을 만나는 이유는 고독을 견딜 능력이 없기 때문이다. 정확하게 말하자면 고독한 시간을 생산적으로 잘 활용하지 못하는 무능력, 내면의 공허, 권태감 때문이다. 이럴 때 남과 어울리는 것은 자신의 고독을 혼자 대면하기 두려워 비겁하게 피하는 것이다.

다른 사람과 어울리기 좋아하는 사람은 단조로움을 피해 외부로부터 강한 자극을 원한다. 그러나 다른 사람의 요구에 따르다 보면 자신의 권리를 포기하는 일이 생긴다. 남과 함께하고 싶은 이유는 자신 스스로 할 수 없다는 무능력, 내면의 결핍과 공허감 등이 있다. 이것이 계속되어 외부로부터 끊임없는 자극을 원하다 보면 유흥에 빠지거나 술꾼이 되는 경우가 많다.

가장 가치 있는 삶은 홀로 지낼 수 있는 능력을 키우는 데 있다. 자신으로부터 도망쳐서 결국 되돌아와 만나게 되는 것은 자신의 본래 모습이다. 다른 사람과 어쩔 수 없는 관계를 줄이면 자신만의 자유와 욕구가 회복된다.

온전히 혼자
있어 보라

고독은 인간이 성장하는 과정에 긍정적인 효과가 있다. 인간은 홀로 설 수 있을 때 어른으로 더욱 성장했다고 할 수 있다. 아이가 젖을 떼면서 '공포'에서 독립하게 되듯이 고독은 각자의 자연스러운 상태가 된다. 다시 말해 고독은 인간의 본성에 맞는 본래 행복한 상태로 되돌아가게 해 준다.

인간의 군집 본능은 자신의 고독에서 느끼는 단조로움을 견디지 못하는 데서 기인한다. 단지 심심하기 때문에 함께 어울려서 시간을 허비하는 것은 쇼펜하우어의 예시처럼 금관악기로 협연을 하지 못하는 연주가와 비슷하다. 훌륭한 거장은 충분히 독주를 할 능력이 되기 때문이다. 우리도 혼자의 힘으로 잘 살 줄 알아야 한다.

40대면 예전의 친구나 동창들과의 관계가 서먹서먹해지는 경우가 늘어난다. 연락처에 저장한 친구들이 사라지기도 한다. 나이가 더 들수록 고독은 우리의 친구가 될 것이다. 그리고 더욱 참된 행복은 자신 안에서 혼자의 힘으로 찾아내야 한다는 사실을 깨달을 것이다.

　많은 사람을 만날수록 다수의 의견에 맞춰 희생하거나 눈치볼 일이 생겨나고 마음을 툭 털어놓지 못하는 상황이 늘어난다. 점점 진실한 관계를 맺기도 어려워진다. 그래서 혼자 있을 수 있는 역량을 키우기 위해 생각과 지혜 등을 풍부하게 할 필요가 있다. 오늘날 고독은 '솔로'가 늘어나는 상황에서 행복을 바깥에서 찾지 않고 자신의 안에서 얻기 위한 중요한 덕목이다.

S

인간은 혼자 있을 때만 온전히 그 자신일 수 있다.
그러므로 고독을 사랑하지 않는 자는
자유도 사랑하지 않는 자라고 할 수 있다.

24

타인의 고통에
연민을 느껴라

| 공감 |

"동정심이야말로 우리 내부에 존재하는 근원적인 비이기적 특성이며, 이기주의적 개인이 타자를 도우려 하는 것은 기적 같은 일로 찬사를 받아야 한다."

자신의 생존을 위해 살아가는 모든 존재는 이기적일 수밖에 없으며 그로 인해 고통을 겪게 된다. 쇼펜하우어에게 동정심은 세상 모든 고통을 자신의 고통으로 느낌으로써 이기심의 벽을 허물어뜨리는 것을 뜻한다. 쇼펜하우어는 진정으로 가치 있는 일이 타인을 불쌍히 여기는 것이며 그런 동정심만이 비이기적 행위의 유일한 원천이라고 말한다. 고통은 다른 사람과 나누면 그만큼 줄어들기 때문이다. 이런 연민, 공감, 동정은 쇼펜하우어가 다른 사람과 교제하는 데 가장 중요한 덕목으로 꼽았다.

또한 타인에 대한 아량도 필요하다. 사회생활을 하면서 보기 싫은 사람과 같이 지내야 하는 일이 생기는데, 조심해서 행동하고 아량을 발휘하는 것이 필요하다고 말한다. 조심함으로써 손해와 손실을 막을 수 있고 아량을 베풀어 다툼과 싸움을 피할 수 있다는 것이다.

인간의
양가감정

쇼펜하우어는 도덕적 관점으로 인간의 행위를 네 가지로 구분한다. 인간의 행동이 자신이나 다른 사람의 행복과 불행을 목표로 할 수 있다고 보고, 기본 동기가 있다고 결론지었다.

첫 번째 동기, 이기주의다.
자신의 평안만을 간절히 추구하는 것이며 그 한계가 없다.

두 번째 동기, 악의다.
다른 사람을 고통스럽게 하는 것으로 작용한다.

세 번째 동기, 동정심이다.

자기 자신이 아니라 전적으로 타인의 평안을 추구하는 것이다.

네 번째 동기, 이름 붙여지지 않은 동기(금욕주의)다.

행위자 자신의 불행을 욕구한다.

이런 동기 가운데 동정적인 행동은 다른 사람의 행복에 더 큰 관심을 두는 점에서 다른 동기들과 대비된다. 타인의 불행에 대한 동정심은 자신만의 행복을 추구하는 이기주의를 없애 버린다. 연민은 아가페적인 사랑이다. 즉 타인의 운명을 자신의 운명과 똑같이 여기는 순수하고 비이기적인 인간 본래의 착한 마음씨다. 반면 이기주의나 악의적 행동은 다른 사람의 고통을 욕구한다.

동정심과 반대의 감정을 나타내는 '남이 안 돼야 행복'이라는 표현이 있다. 독일어에서 유래한 Schadenfreude라는 영어 표현이 있는 것으로 봐서 남의 불행이 나의 행복이라는 감정은 우리나라에만 해당되는 감정은 아닌 것이다.

40대라면 인간이 얼마나 이기적인 동물인지 경험으로 알고 있다. 누구나 자신의 생명, 가족의 행복, 자신의 성취를 위해 남과 경쟁하면서 살아간다. 남을 짓밟고 올라가야만 자신이 살아

남는 살벌한 경쟁을 경험한다. 그런데 다른 한편으로는 어쩔 수 없는 사고로 인해 생명을 잃는 현장을 보면 그 비극에 가슴 아파하고 함께 울기도 한다. 그때 자신을 가두고 있는 이기심의 벽이 한 번에 무너진다.

인간은 자신의 생존을 위해 어쩔 수 없이 이기적이어야 하는 존재다. 우리의 생존을 위해 다른 생명체를 잡아 먹어야 되며 다른 사람을 이겨야만 하지만, 예측할 수 없는 불운의 사고에 희생당한 사람에 대해 가슴이 먹먹해지는 모순적인 존재다.

사랑하지 않아도
미워하지 말 것

경제학자 아담 스미스는 경제적인 약자에 대한 사회적인 배려를 강조한다. 그는 자유주의 경제학을 주장하면서 시장 경제의 경쟁 원칙을 옹호한 사람이지만, 약자에 대한 동정심은 처음부터 변함이 없었다.

타인의 고통에 대한 실험이 있었다. 신생아실에서 갓 태어난 아이에게 다른 아이의 울음소리를 들려줬더니 그 아이뿐만 아니라 모든 아기가 함께 울기 시작했다. 정작 자신의 울음소리를 녹음해서 들려 주면 반응이 없었다. 이것은 타자에 대한 동정심은 타고나며, 다른 사람에게 쉽게 전이된다는 점을 보여 준다. 이런 '측은지심'은 살아가는 데 늘 강조됐다.

동정과 연민에 대해 모든 학자가 찬성한 것은 아니다. 독일 철학자 칸트는 팔이 안으로 굽듯이 동정심과 연민이 너무 자의적일 수 있다는 점을 지적한다. 우리 이웃의 피해와 먼 외국의 피해를 비교할 때, 당연히 가까운 쪽의 고통에 더 민감하기 때문에 보편적인 기준이 될 수 없다는 것이다. 니체는 동정심도 이타심이 아니라 이기심의 표현이라고 비판했다. "이웃을 네 몸처럼 사랑하라"는 그것을 통해 이익을 얻으려는 약자들의 이기심이라는 것이다. 그는 동고(同苦, Mitleid)는 낮은 동물들도 느끼는 감정이므로 오히려 인간은 동락(同樂, Mitfreude)을 추구해야 된다고 말한다.

마라톤을 예로 들면 탈락한 사람에게 연민을 느끼는 것이 아니라 승리자에게 진정한 축하를 건네며 함께 기쁨을 나눌 것을 제안한다. 스토아학파의 학자 에픽테토스는 "너의 콧물은 너 자신이 닦아라"라면서 자립을 강조했다. 콧물을 흘린 사람의 콧물을 계속 닦아 주면 스스로 콧물을 닦지 못하게 된다는 것이다. 약자에 대한 지나친 배려나 후원은 그 사람이 스스로 인생을 완성하면서 행복할 수 있는 기회를 빼앗는다는 주장이다.

우리는 함께 살기 위해서 고통을 함께 나눌 필요가 있다. 실직자, 장애인, 경제적 취약 계층, 노인 등 도움이 필요한 사람들에게 손을 내밀어야 한다. 동시에 역차별과 자립심을 고려해야 한다.

우리나라 40대는 무한 경쟁, 적자생존, 승자 독식의 논리에 따라 살던 시대를 경험했다. 어릴 때는 학교에서, 졸업 후에는 직장에서 또는 사업에서 남을 이겨야 하기 때문에 패배자가 느끼는 고통에 대한 이해가 부족하다. 남보다 더 잘해야 인정받는 세상에는 이기심이 가득하다. 이웃의 고통을 나의 고통으로 느끼는 감수성을 키울 필요가 있다.

자신에게, 상대에게, 우리에게
일어나는 일을 느껴 보라.

5장

어디에서
행복을
찾아야 하는가

쇼펜하우어의 인생

25

행복한 순간은
너무나 짧다

| 만족 |

"행복은 결핍에서 만족으로 '빠른 전이'다."

　행복이 짧고 고통이 길게 느껴지는 이유는 행복이 찰나의 짧은 꿈처럼 느껴지는 반면 고통은 현실적으로 느껴지기 때문이다. 이를 증명하듯이 한국인의 일생이 80년이라고 할 때 평생 웃는 시간은 고작 한 달밖에 되지 않는다는 조사 결과가 있었다. 하루에 웃는 시간이 90초뿐이다. 반면 걱정하고 근심하는 시간은 하루 3시간으로 조사돼 평생 10년이나 걱정하며 사는 것으로 나타났다.

　최근 뇌 과학이 밝혀 낸 바에 따르면 인간은 대개 일생 동안

50만 번 이상 웃는다. 대체적으로 나이가 어릴수록 웃음이 많고 연령이 높아질수록 그 빈도가 줄어든다고 한다. 50만 번이 아주 많아 보이지만 생애를 기준으로 환산하면 웃는 시간은 짧다고 할 수 있다.

웃음이 줄어드는 이유는 행복한 감정을 제대로 파악하지 못한 이유도 있겠지만, 뇌의 노화 같은 생리학적 퇴행도 꼽을 수 있고 사회적인 환경도 역할을 한다고 볼 수 있다.

행복은 항상 과거형이다

쇼펜하우어는 행복이란 많은 경우 결핍에서 충족으로 넘어가는 '짧은 순간'이라고 말한다. 왜냐하면 늘 결핍은 인간에게 고통이지만 충족에서 과잉으로 넘어가면 권태, 지루함의 감정에 사로잡히기 때문이다. 행복은 그 사이의 짧은 만족의 순간이라고 할 수 있다.

우리가 행복을 즐기는 순간은 찰나와 같이 금방 지나간다. 영원하고 지속적인 행복이 없기 때문에 오히려 그런 작은 행복감에 만족할 수 있어야 된다. 행복은 멀고 크고 높은 곳에 있는 것이 아니라 일상 가까운 곳에 있다.

행복은 결핍이 채워질 때 느끼는 주관적인 만족감이다. 쇼펜하우어는 결핍에서 느끼는 불쾌에서 만족을 느끼는 쾌감으로 넘어가는 과정을 "빠른 이행"으로 봤다. 너무나 짧은 순간에 만족이 결정되기 때문에 행복과 불행의 차이는 기대보다 크지 않다. 인간이 불행한 이유는 여러 가지 결핍 때문인데, 언젠가 그 결핍이 충족되면 행복감으로 넘어갈 수 있으나 그 지속도가 너무 짧다. 그래서 행복의 순간은 인지하지 못하고 지나는 경우가 많다.

영원한 행복이란 존재할 수 없다. 모든 쾌락은 단순히 결핍을 제거하고 긴장에서 벗어나는 것에 있으므로 오래 지속되지 않는다. 성공, 성취, 합격 등 우리가 행복했던 순간을 되돌아보면 너무나 짧았다는 것을 알 수 있다. 어려운 시험에 합격했다고 해서 그 기쁨이 몇 달씩 지속되지는 않는다. 인생의 큰 틀에서 보면 대부분 작은 것에서 행복이 이뤄진다. 음식을 먹을 때 첫 숟가락, 사람을 처음 만났을 때 설렘, 첫 출근 등등이 우리의 결핍을 채워서 만족으로 넘어가는 단계인데, 이때가 가장 행복하다. 행복은 빨리 잊혀진다. 또 다른 결핍이 우리를 기다리고 있기 때문이다. 우리는 미래에 어떤 일을 겪을지 알 수 없으며 그 고통을 견디면서 살아가게 된다. 그러므로 너무 큰 행복을 기대해선 안 된다.

자신에게 알맞은
행복이 있다

일본의 소설가 무라카미 하루키의 '소확행'이라는 용어가 꽤 유행한 적이 있다. 소확행은 그의 에세이 《랑게르한스 섬의 오후(ランゲルハンス島の午後)》에서 쓰인 말로, '소소하지만 확실한 행복'의 축약어다. 갓 구운 빵을 손으로 찢어 먹을 때, 서랍 안에 반듯하게 정리돼 있는 속옷을 볼 때 느끼는 행복과 같이 바쁜 일상에서 느끼는 작은 즐거움을 뜻한다. 작지만 확실하게 실현할 수 있는 행복이나 그런 행복을 추구하는 삶의 경향이다. 소소하지만 확실한 행복은 작은 만족에서 얻는다. 짧은 행복은 작을 수밖에 없다.

소식이 몸을 건강하게 하고 폭식이 건강을 해치듯이 '행복은 소소한 것'에서 찾아야 작고 짧은 행복을 즐길 수 있다. 행복은 늘 빠르게 지나가기 때문이다. 시간이나 젊음, 모든 것은 잠깐 머무르다 떠나가기 때문에 작은 쾌락에 만족할 줄 알아야 된다. 갈증을 채워 주는 커피 한 잔이 정말 우리를 행복하게 하는 것처럼 말이다. 짧은 만남, 인연이 주는 작은 즐거움에 감사할 수 있어야 된다. 감당할 수 없는 너무 큰 행복, 만족은 따분함을 가져와 새로운 것을 찾게 만든다.

40대는 인생의 고통을 충분히 알기 시작한 나이다. 사회적으

합격, 성취, 성공, 젊음, 시간은 순식간이다.
찰나의 순간을 포착하라.

로 어느 정도 자리를 잡아 인정도 받고 인간관계의 폭도 넓어지고, 결혼하여 자녀가 있는 경우도 있다. 성취한 만큼 책임도 늘어나면서 고통도 많아진다. 40대는 자신의 인생의 전체를 들여다봐야 한다. 인생의 시작과 함께 끝을 생각하면서 자신만의 계획이 필요할 때다.

S

시간과 행복은 지체하지 않고 흐른다.

26

현재는 두 번 다시
오지 않는다

| 현재 |

"오늘이라는 날이 단 한 번뿐이고 두 번 다시는 찾아오지 않는 것임을 항시 명심하는 게 좋을 것이다."

인간과 동물의 차이는 일반적으로 생각하는 능력에 있다. 뇌과학으로 인간의 뇌가 다른 동물의 뇌보다 훨씬 크다고 밝혀졌는데, 사고력이 높은 만큼 고통도 많다는 것이 쇼펜하우어의 생각이다. 행복을 느끼기 위해서는 쾌락과 고통을 느끼는 신경 세포가 있어야 된다. 따라서 돌이나 식물은 행복도 없고 불행도 없다. 동물 가운데 최하등의 동물은 약간의 고통을 느끼지만, 신경 조직을 완전히 갖춘 척추동물은 큰 고통을 느낀다. 인간은 단순히 고통을 느끼는 능력뿐만 아니라 생각하는 능력도 함께 있어서 그만큼 더 많은 고통에 노출된다. 따라서 인간은 이 세상에서 가장 불행할 수 있는 존재다.

인간이 느끼는 고통과 즐거움, 그것에 근거한 불행감과 행복감은 동물보다 훨씬 다양하며 지속력이 강하다. 인간은 고통에 대한 감수성과 지능에 비례하여 동물과 비교하지 못할 정도로 큰 감정 변화를 겪을 수밖에 없다.

현재를 살아라

동물은 현재만을 살기 때문에 근심과 불안이 없다. 미래에 대한 걱정이나 과거의 고통에서 자유롭기 때문에 동물이 인간보다 더 행복할 수 있다. 쇼펜하우어는 이런 장점을 동물에게서 배워야 한다고 말한다.

인간은 과거의 일에 대해 후회와 자책하는 일이 많다. '그렇게 하지 않았더라면' 나의 현재는 더 나아졌을 것이라고 상상하는 것이다. 예를 들어 인간관계나 직업 선택에서 잘못된 판단을 인정하는 것이다. 또한 인간은 미래에 일어나지 않은 일을 걱정하는 일이 많다. 불확실한 죽음을 불안해하고, 계획하는 일이 잘되지 않을까 봐 쓸데없는 의심을 하기도 한다.

동물은 죽을 수 있는 상황을 피하려고 할 뿐 죽음에 대해 알지 못하지만, 인간은 그런 죽음을 늘 염두에 두고 불안해한다. 인간만이 죽음을 대비하여 막연한 두려움과 지나친 공포를 느낀다. 그러나 죽음에 대해 생각하면 할수록 고통의 양이 쾌락의 양을 압도하게 된다.

동물은 미래에 대한 희망이나 기대가 없기 때문에 그것에 따른 행복이나 불행이 없다. 인간만이 즐거운 미래를 예상하고 상상력을 발휘해서 아름다운 환상에 사로잡힌다. 더 나아가 인생의 전체를 내다보면서 계획을 세우기도 한다. 동물의 의식은 눈앞에 드러난 대상에 대해 짧게 반응하기 때문에 모든 것은 현재에만 한정된다. 그러나 인간이 느끼는 즐거움은 실재하지 않는 미래의 환영이다.

감각이 무딘 동물이 현재에만 몰입하기 때문에 행복한 반면, 상상력으로 만든 미래의 환영에 갇혀 사는 인간은 불행하다. 미래에 대한 지나친 기대나 희망은 행복의 바탕인 마음의 안정을 해칠 수 있다. 과거와 미래는 실재하지 않는다. 따라서 우리가 살아가는 현재에만 충실해야 한다. 쇼펜하우어는 말했다.

"미래가 행복을 가져다준다는 생각으로 급히 쫓아가는 반면에 현재는 거들떠보지도 즐기지도 않고 지나쳐 버리는 사람들이 있다. 현재만이 진실하고 현실적이고 확실하다는 것을 결코 잊어서는 안 된다."

우리는 '오늘은 단 한 번뿐'이라는 사실을 되새기며 현재를 의미로 채울 필요가 있다. 두 번 다시 오지 않을 현재 그 자체를 기분 좋게 받아들여 즐길 필요가 있다는 것이다. 우리는 오늘이 내일 다시 찾아올 것이라고 확신하는데, 그것은 착각이다. 인생 전체를 구성하는 하루하루는 똑같은 것이 아니라 어제와 다른 늘 새로운 것이다. 현재의 가치를 늘 긍정적으로 평가할 수 있어야 된다. 과거와 미래에 빠져 있는 사람은 아무런 걱정 없이 살아가는 매 순간의 가치를 모르고 지나가는 일이 많다.

동물이 행복한 이유는 인간보다 적은 고통과 적은 즐거움을 느끼기 때문이다. 반성이 없으므로 과거의 고통을 담아 두지도 않고 미래의 환상에 사로잡히지도 않기 때문이다. 동물은 오로지 실재하는 현재의 고통만을 느낀다. 미래와 과거는 우리의 생각 속에만 있고 순간만이 실재한다.

쇼펜하우어는 현재의 가치를 강조했다. 하지만 너무 지나치게 현재만 사는 사람을 경솔하다고 본다. 살아가는 데 중요한 것은 현재와 미래에 대한 우리의 관심을 한쪽에 치우치지 않게 조절해야 한다는 점이다. 과거에 일어난 일에 대한 불만이나 미래에 대한 우려 때문에 현재의 순간을 제대로 즐기지 못하는 것은 어리석다. 우리가 인생을 가치 있게 즐길 수 있는 시간은 오늘뿐이며 내일이 오늘의 반복이라는 것은 착각이다.

하루하루는
하나하나의 인생이다

많은 사람이 1분이 모여 60분이 되고 하루가 쌓여 1년이 된다고 생각하면서 현재는 과거와 미래로 이어지는 과정일 뿐이라고 여긴다. 시간이 마치 무한한 점으로 이뤄진 것으로 착각한다. 그러다 보니 현재에 집중하지 않고 과거의 후회나 영광에 얽매여 살거나, 나중에 일어날 일을 생각하며 현재의 행복을 미루는 경우가 많다.

이것은 과거와 현재, 그리고 시간이 계속 이어질 것이라는 착각 때문에 생기는 일이다. 과거와 현재, 미래는 연속적인 것이 아니라 단절된 것이다. 우리는 오직 현재만을 살 뿐이다. 과거와 미래는 실재하지 않는데 마치 있는 것으로 착각한다.

직장에서 나이 든 상사가 '내가 왕년에'라고 말하면 '꼰대' 소리를 듣기 마련이다. 과거 자신의 영웅담을 많이 반복하는데 본인만 모르는 경우가 많다. 젊은 직장인들은 매일 사표를 쓰는 마음으로 살아가는 경우가 많다. '나는 앞으로'라는 상상 속에서 성급히 회사를 관두고 자기 사업을 하는 경우 망하기 쉽다.

과거는 지나가서 없는 것이고 미래는 아직 오지 않아서 없는 것인데, 오늘을 제대로 살지 못하고 과거의 기억과 미래의 기대 속에서 사는 것은 어리석다. 현재는 두 번 다시 오지 않는 순간 이다. 세상의 모든 일이 1년 이상의 계획에 따라 진행되다 보니 미래에 무한한 시간이 펼쳐질 것이라고 착각하게 된다. 그러나 죽음이라는 것은 언제 찾아올지 모르는 일이다. "네가 헛되이 보낸 오늘은 어제 죽은 이가 그토록 그리던 내일이다"라는 말을 다시 새겨 보면 좋겠다.

스티브 잡스는 매일 아침 거울을 보고 '만일 오늘이 인생의 마지막 날이라면 오늘 하려던 일을 할 것인가?'라는 질문을 던져서 만약 노(No)라는 생각이 떠오르면 그 일을 하지 않았다고 한다. 하루하루를 자신의 마지막 인생으로 생각한 것은 쇼펜하우어의 명언과 닿아 있다.

$\mathscr{S}$

현재를 과거처럼, 현재를 미래처럼 의식한다면
지금 이 순간을 더 가치 있게 즐길 수 있을 것이다.

27

자신만의
색깔을 찾아라

| 개성 |

"우리는 의지의 객관성이 높은 단계에서 개성이 뚜렷하게 나타나는 것을 볼 수 있다. 특히 인간은 개성이 개인적 성격의 커다란 상이함으로서, 완벽한 인격으로서 외부적으로 표현된다."

40대는 가장 열심히 활동할 인생의 전성기다. 그런데 사회적인 기준에 맞춰 열심히 일을 한다고 해서 꼭 행복해지는 것은 아니다. 워크홀릭은 오히려 불행을 가져올 수 있다. 마흔이면 일과 행복감이 일치하지 않는다는 사실에 회의와 절망에 빠질 수 있다는 점을 깨닫는다. 사회 집단과 관계에 맞춰 사는 것이 익숙한 40대는 눈치를 많이 보는 세대다. 남의 시선에 갇혀 살면 행복해질 수 없다. 타인의 평가에는 시샘, 질투 등 부정적인 내용도 들어 있기 때문이다. 그런 타인의 평가의 틀을 과감히 깰 필요가 있다. 타인의 평가에 휘둘릴 때 떠올려 보라.

"너라고 나보다 나을 게 없다!"

쇼펜하우어에 따르면 인간은 다른 생명처럼 살려는 의지에 살아가는 수동적인 존재이긴 하지만 이 세계에서 개성을 가장 뚜렷하게 나타내는 능동적인 존재다. 각자 개성이 다르기 때문에 인간은 이 세상에서 가장 높은 단계의 존재인 셈이다. 남이 시키는 것 말고 자신이 원하는 것을 할 때 인간은 행복해진다. 남과 다른 자신만의 색깔을 찾는 일, 누구나 가는 길이 아닌 내가 가는 길이 행복에 이르는 길이다. 행복의 길은 천차만별이다. 가장 인간답게 사는 일은 자신만의 욕망을 아는 것이다.

원하는 바를 알면
원하는 대로 살 수 있다

왜 남의 눈치를 보지 말고 살아야 행복할까? 쇼펜하우어는 이 세계를 네 단계로 구분해 인간과 다른 존재를 비교한다.

첫 번째 단계, 돌 같은 무기물.

중력, 전기, 자력이 작용한다. 전기를 예로 들면 우리나라는 회사나 집이나 220볼트로 어디나 똑같다.

두 번째 단계, 식물.

매년 새롭게 꽃이 피는 것 같지만 특성이 비슷비슷하다.

세 번째 단계, 동물.

충동과 본능이 지배하면서 무리 짓는 특성이 강하다. 다른 말로는 집단주의라고 할 수 있다.

네 번째 단계, 인간.

비로소 각자의 개성이 선명하게 나타난다. 인간은 누구나 각자 원하는 바가 다르고 그것에 대한 성취감과 행복감이 차이 나기 때문이다. 남의 시선을 신경 쓰지 않고 자신의 의지와 노력에 따라 삶을 살 때 자유를 느끼는 것이다.

낮은 단계일수록 공통점(종적 특성)이 강하고 높은 단계일 수록 차이점(개별적 특성)이 더 도드라진다는 점에서 이 세계에서 인간만이 자신의 색깔을 찾는 삶을 살 수 있다.

지식이 발전하면서 세계를 설명하는 방법뿐만 아니라 인간을 이해하는 방식이 많이 바뀌었다. 쇼펜하우어가 말한 '의지'는 하늘의 별과 식물뿐만 아니라 동물과 인간에서 작용하는 '내적인 힘'이다. 쉽게 풀어 말하자면 에너지 같은 물질에서는 화학 작용과 전기 작용을 일으키지만 생명 안에서는 영원히 살려는 강한 집착이 일어난다. 물론 영원한 삶은 유한한 인간에게 이뤄질 수 없는 꿈이다.

쇼펜하우어에 따르면 인간보다 낮은 고등 동물은 개성을 갖고 있지만 인간만큼 뚜렷하지 않다. 종의 성격이 너무 강하여 개별적 성격의 특성이 그다지 두드러지지 않기 때문이다. 하등 동물로 내려갈수록 개별적인 흔적이 사라지고 종의 일반적인 성격과 그 특징만이 남게 된다.

아리스토텔레스는 모든 생명체가 갖고 있는 고유의 생존 능력을 영혼이라 부르고, ① 식물적 영혼(양분 섭취), ② 동물적 영혼(느낌), 그리고 ③ 인간적 영혼(사유) 세 가지로 나눴다. 니체도 인간의 진화를 다섯 단계 ① 식물(유령), ② 벌레, ③ 동물(원숭이), ④ 인간, ⑤ 초인으로 나눴다.

이것은 인간의 본성에 여러 것이 혼재한다는 뜻이다. 인간 안에는 이런 여러 충동이 함께 들어 있기 때문에 서로 충돌할 수 있다. 즉 인간은 식물처럼 수면과 영양 섭취뿐만 아니라 동물의 종족 보존의 충동이 들어 있으며, 높은 지성이 함께 작용한다. 잠을 잘 때는 돌이나 식물처럼 지내고, 낮에 음식 섭취나 종족 보존을 위해 동물처럼 살아간다. 그 과정에서 가끔 지성을 활용한다. 이는 동물에서 인간까지 오랜 진화를 거듭했다 해도 자칫 한순간에 원숭이로 되돌아갈 수 있다는 경고다.

이를 막기 위해 인간 안에서는 가장 낮은 어두운 충동인 의지와 가장 높은 밝은 지성이 대립하는데, 이 둘을 조화롭게 이끌어가는 지혜를 갖추는 일이 필요하다. 더 나아가 이런 지성을 통해자신이 진짜 원하는 바를 알게 되며, 자신의 참모습인 '개성'이 실현될 수 있다. 쇼펜하우어가 강조한 '개성'은 자신이 원하는 대로 살고 싶은 욕망을 긍정하는 것이다.

자기 자신으로
행복하라

한국의 행복 지수는 OECD 38개국 중 36위로 최하위권이다. 세계 최하위권을 맴도는 불행감이 새로운 것은 아니다. 빈부 격차, 치열한 경쟁, 급속한 고령화, 열악한 환경, 물질 만능 주의, 외모 지상 주의가 행복을 방해한다. 무엇보다 가장 우려스러운것은 '살면서 나 하고 싶은 대로 할 수 있는 자유'가 144위로 최하위라는 점이다.

죽음을 앞둔 시한부 환자들에게 가장 후회되는 일, 또는 다시 태어나면 가장 하고 싶은 것을 꼽으라고 하면 어떤 대답을 들을 수 있을까? 그들은 한결같이 '내가 원하는 삶'을 살고 싶다고 말한다. '다른 사람이 아닌 내가 원하는 삶을 살았더라면…' 하는 후회가 죽음을 앞둔 말기암 환자들의 첫 번째 소망이라고 브로니 웨어가 《The Top Five Regrets of the Dying》에서 말한다.

누군가가 행복한지 보려면 얼마의 자산을 가졌는지가 아니라 어떤 고통을 잘 견뎌 냈는지 봐야 한다. 노년에 가장 후회되는 일, 가장 고통스러운 일은 과거에 내가 원했던 것을 남의 눈치를 보느라 제대로 하지 못한 것이라는 조사 결과가 있다. 그 이유는 나중에 자신이 어떤 사람인지 알게 되기 때문이다.

주위 눈치를 보며 남이 정한 기준에 따라 살아야 하는 삶은 답답할 수밖에 없다. 내 마음대로 살기 어렵고 남의 눈치를 보는 것은 집단주의, 평준화된 교육 방식, 출세 지향주의 등에 원인이 있다. 그러다 보니 많은 사람이 좋아하는 몇 가지 대상에 집중될 수밖에 없다. 다른 사람과의 비교는 행복도를 낮추는 중요한 요인이다. 한국은 다른 나라에 비해 사회적 비교가 심한 편이며 그것에 따라 행복도가 낮아지는 경험은 노인 층이 가장 많다고 한다.

—

내가 원하는 것, 내가 할 수 있는 것, 내가 타고난 것을 긍정하는 것이
나대로 사는 것이다.

한국인이 꼽는 행복의 조건은 가족의 행복, 건강, 그다음이 부와 명예다. 다행스럽게도 경제적인 조건은 어느 정도 선진국 수준이라 물질적인 결핍은 문제가 되지 않는다. 그러나 금수저, 흙수저 등으로 계급을 나누며 남의 태생적 운을 부러워하는 일들이 생겨나 불행감이 커지는 것은 막을 수 없다.

타인과 비교함으로써 생겨나는 상대적인 박탈감은 행복을 갉아먹는 벌레와 같다. 플라톤은《행복론》에서 재산, 외모, 명예, 체력, 언변에서 조금은 "부족함을 느끼는 삶이 행복한 삶"이라고 말한다. 타인의 객관적인 평가보다 자신의 주관적인 만족감이 더 중요하다는 것이다. 남보다 다소 부족하다고 열등감을 가질 필요가 없다.

요즘 잘생긴 사람보다 개성 있는 사람이 더 인기 있다. '너는 인상이 좋다', '웃을 때 예쁘다', '카리스마 있어 보인다', '걸 크러쉬', '차도남' 등이 개성 있는 사람을 일컫는 말이다. 〈사람이 꽃보다 아름다워〉라는 대중가요가 있다. 내면의 아름다움이 중요하다는 뜻으로 풀이할 수 있다. 인간의 삶의 고유한 색깔이 꽃보다 더 다채로울 수 있다는 것은 그만큼 잠재적인 가능성이 무한하기 때문이다.

마흔부터는 개성이 뚜렷한 삶을 살아야 한다. 남의 기대와 욕망에 맞춰 살아선 안 된다. '삶을 위한 삶'이라는 생존을 위해 자아 실현이라는 가장 높은 욕구가 잊혀지면 안 된다. 겉보기에 사람들은 같은 지향점을 향해 걸어가고 있는 것 같지만 다른 곳을 보고 싶어 한다. 동일화되고 표준화된 대중 문화의 영향력 때문에 많은 사람이 같은 것을 추구하며 살아간다. 그런 행복은 기만이다.

우리나라 헌법 제10조에 보장된 '행복 추구권'은 독일 헌법에서 유래한 것으로 독일어 '인격의 자유로운 전개(die freie Entfaltung der Persönlichkeit)'를 번역한 것이다. 일본이 독일의 헌법을 받아들이면서 변형된 용어다. 국가는 국민에게 행복의 가치를 위해 어떤 것도 강요할 수도 없다. 놀든 일하든 각자 개인의 선택이다. 어떤 사람이 일을 하면서 행복을 느끼다가 실직을 선택해서 행복을 느껴도 관여할 문제가 아니며 국가는 노동에 대한 동기 부여를 위해 지원할 수 있다. 헌법에서 보장하는 행복 추구권은 개성의 다양함을 반영하는 것으로 똑같은 영원 불멸한 행복을 전제하지 않는다.

행복의 내용은 시대에 따라 바뀔 수 있다. 가령 인터넷의 인격 침해, 비방과 모욕과 관련된 내용을 삭제할 권리가 행복 추구권에 덧붙는다. 행복의 내용은 시대에 따라 변화하며 확장된다. 행복의 내용은 각자의 선택으로 만들어지는 개성이다.

세상에는 늘 잘 알려진 유혹의 길이 있다. 성공, 행복, 명예, 부

등 행복으로 이끌 것으로 확신하는 통로다. 남들이 가는 길을 무작정 쫓는다면 적성도 맞지 않고 강요된 삶을 살게 된다. 결국 나중에 후회하게 될 것이다. 남을 따라서 '같음'을 추구하는 것은 낮은 단계의 욕망이다. '다름'을 추구하는 것은 높은 단계의 욕망이다. 사회의 보편적인 기준에 맞춰 살면 갑갑하고 답답함을 느끼기 마련이다. 비록 크게 성공하지 못하고 큰 부자가 아니더라도 타인의 시선에 맞추지 않고 자기 자신에 흡족한 삶이면 충분하다.

나를 행복으로 이끄는 방법은 나의 욕망이 이끄는 대로 가는 것이다. 개성 있는 삶을 살기 위해 필요한 것은 자신의 욕망을 있는 그대로 긍정하는 태도다. 우선 남들이 전혀 알 수 없는 바, 나 자신만이 원하는 바, 할 수 있는 일, 그리고 타고난 재능과 성격을 이해해야 한다. 마흔이면 자신의 적성에 맞는 일을 찾기 위한 시행착오와 자기 성찰의 시간으로 충분해 보인다.

S

자신이 원하는 한 가지만 찾아보라.
원하는 바가 없는 인생은 타인에게 휘둘린다.

28

얼마나 소유했는지는
중요하지 않다

| 돈 |

"돈은 바닷물과 같다. 마시면 마실수록 목이 마르다."

얼마를 벌어야 행복할까? 그 한계를 정하는 일은 어렵다. 연봉과 재산, 주택 등과 관련해 절대적인 기준은 제시할 수 없다. 사람마다 행복을 위해 갖춰야 할 부는 욕망에 따라 달라지기 때문에 상대적이다. 재산에 욕심이 없는 사람은 가난만 피한다면 만족하는 삶을 살고, 엄청난 재산을 갖고 있는 사람이라도 만족하지 못하고 갖지 못한 것을 갈망하면 불행하게 여길 수 있다. 각자의 욕망과 만족에 따라 달라지는 부는 행복의 절대적인 조건이 될 수 없다. 부에 대한 집착이 강할수록 채워지지 않는 갈증은 더 심해질 수 있다.

부유한 집안에서 태어나고 아버지가 돌아가신 후 주식 재산을 물려받아 경제적으로 여유로웠던 쇼펜하우어는 부의 중요성을 누구보다 잘 알았다. 쇼펜하우어는 상속받은 주식 재산을 팔아서 평생 돈의 노예가 되지 않을 조건을 만들었다. 그 덕분에 많은 철학자가 돈을 벌기 위해 강의를 한 반면 쇼펜하우어는 평생 돈 걱정 없이 당당하게 철학 공부와 연구에만 매진할 수 있었다. 그는 돈의 가치를 누구보다 잘 알았던 진짜 부자였다.

쇼펜하우어는 아버지 회사의 주식을 상속받아 여기서 생기는 수입으로 조촐하게 살았지만, 금융 쪽도 나름 잘 알고 있었다. 그가 주주로 있는 어떤 회사가 파산했을 때 다른 주주들은 70퍼센트의 지불에 동의했으나, 쇼펜하우어는 전액 지불을 우겨서 모두 받아 냈을 정도다. 부는 누가 소유하고 관리하느냐에 따라 큰 차이를 보인다. 쇼펜하우어는 많은 사람이 부를 인생의 목적으로 잘못 생각한다고 했다.

행복한 부자,
불행한 부자

부가 인간의 본래 소유물이 아니라 운에 의해서 줄어들 수 있다는 사실을 알게 되면, 부에 대한 욕망이나 집착이 줄어든다. 부에 대한 갈증이 줄어들어 더 이상 고통을 느끼지 않게 된다. 따라서 부에 대한 욕심을 줄이면 행복감이 늘어날 수 있다. 이를 아는 사람은 돈을 잃어도 행복감을 되찾는 데 오래 걸리지 않는다.

부는 관리가 중요하다. 부유한 집안에서 태어난 사람은 부를 '공기'처럼 없어서는 안 되는 것으로 여기고 '자신의 생명'처럼 지켜서 검소한 생활을 한다. 태어나면서 많은 재산을 갖고 있는 사람은 경제적으로 독립하여 일하지 않고 살아갈 수 있는 특권을 누린다. 진정한 부자에게 부는 향락이나 낭비의 대상이 아니다.

많은 상속을 받은 경우 자신의 재능에 따른 창조적인 삶을 누릴 수 있다. 쇼펜하우어 같은 사람은 돈벌이 걱정 없이 평생 연구하면서 보낼 수 있다. 반대로 불행한 경우도 있다. 돈을 많이 물려받고도 아무것도 하지 않는 사람은 빈둥거리면서 밥만 축낸다. 교양이나 지식이 없어서 정신적인 활동에 흥미가 없는 사람은 부자의 고통인 무료함을 달래기 위해 돈을 낭비하다가 빈곤으로 떨어지는 경우가 많다. 또한 필요 이상으로 많은 부를 가진 사람 중에는 그 재산을 유지하기 위해 걱정하느라 행복하지 못한다. 그런 부자는 불행하다고 느낀다.

돈은 인간의 다양한 욕망을 충족시켜 주는 점에서 행복의 상대적인 조건이다. 그러나 이미 부를 많이 소유한 사람들이 가진 재물에 대한 욕심 때문에 열심히 일하는 사람들은 잘못된 시야에 갇혀 있다. 부에 대한 갈증은 절대로 채워질 수 없다는 점을 알 필요가 있다.

재산이나 부의 가치와 비교해 더 가치 있는 것은 지적인 교양이다. 돈을 채워도 정신이 텅 비어 있으면 행복할 수 없기 때문이다. 돈은 소유하는 사람보다 사용하는 사람의 태도에서 그 가치가 달라진다. 쇼펜하우어처럼 부모로부터 많은 자산을 상속받아 돈 걱정 없이 철학 공부를 할 수 있는 것이 그가 생각한 행복한 부자의 전형이다.

돈의 크기보다
돈의 관리가 더 중요하다

많은 사람이 부에 집착하는 경향이 커졌다. 주로 모든 관심이 돈을 향해 있고, 돈이 인생의 목적인 사람이 많다. 자본주의 사회에서 돈이 큰 역할을 하지만 최근에 천민자본주의 흐름이 더 강해졌다. 그 이유는 여러 가지가 있겠지만 투자 폭등으로 대박 신화가 생겨나고 상대적인 박탈감을 가진 사람들이 많이 생겨났다. '벼락거지'라는 말은 그런 박탈감을 대표한다. 한탕주의와 물질만능주의가 만연한 것이 현실이다.

부가 나쁜 것만은 아니고 쇼펜하우어가 강조하듯이 자신이 그런 부의 혜택을 보면서 자유로운 삶을 산 것을 보면 부는 분명히 행복의 한 가지 조건이다. 그러나 진짜 부자와 가짜 부자의 차이는 분명하다. 진짜 부자는 부를 자신의 장점을 계발하는 데 최대한 활용한다. 경제적, 시간적 자유를 얻으면 유흥이나 과시, 소비보다 자신의 교양을 쌓는 데 시간을 투자한다. 독서, 음악 감상, 여행 등을 통해 아름다움을 찾고 자신의 의미를 찾는다.

그러나 가짜 부자는 시간을 생산적으로 쓰지 못하고 남에게 과시하거나, 낭비와 방탕으로 돈을 쓴다. 쇼펜하우어의 진짜 부자는 경제적인 자유를 뜻하는 개념과 닿아 있다. 진짜 부자는 돈의 가치를 너무나 잘 알기 때문에 오히려 검소한 경우가 많고 돈 관리에 철저하다고 한다. 문제는 돈의 노예다. 가난했다가 갑자기 부자가 되는 경우, 부자가 되기 위해 비열한 방식으로 출세한 경우에는 탕진할 가능성이 높다. 쇼펜하우어는 말했다.

"무지한 자가 부자가 되면 그 무지가 품격을 떨어뜨린다."

진정한 부자는 재산을 재난이나 불행을 위한 방호벽으로 여기지, 즐거움을 위한 수단으로 생각하지 않는다. 졸부는 저축하지 않고 낭비해서 번 만큼 쓰는 실수를 하는 바람에 결국 다시 가난해진다. 상속으로 재산을 물려받은 사람은 자본을 안전하게 관리하며 돈을 유지하려고 애쓴다. 졸부처럼 낭비하지 않고 미래를 생각해서 경제적이며 부의 소중함을 무엇보다 잘 안다. 즉 부는 없어서는 안 되는 공기와 같은 것이므로 부를 생명처럼 지키며 신중하고 검소하다.

반면 가난했던 사람은 빈곤을 자연스럽게 여기고 어쩌다가 우연히 굴러들어온 부를 향락과 낭비에 사용하는 경우가 많으며, 다시 가난해지면 예전처럼 재산 없이 그럭저럭 살 수 있다. 결국 돈이라는 걱정거리가 사라진 것처럼 살아간다. 부자는 재산을 유지하려고 한다. 타고난 재산을 가진 사람은 고된 일에서 해방되어 자신의 창조적인 재능에 따라 살 수 있다.

진정한 부자는 돈을 다루는 능력이 있는 사람이다.

29

타인의 평가는
중요하지 않다

| 자존감 |

"자존감을 갖고 살아라."

나이가 마흔이 넘으면 살아가면서 주변 사람들의 평가를 마냥 무시할 수도 없다. 흔히 타인의 평가는 직장에서, 사업에서, 만남에서 객관적인 조건이 된다. 하지만 참된 행복의 조건을 안에서 찾아야 한다면 타인의 평가는 어쩌면 행복과는 무관할 수 있다.

쇼펜하우어에 따르면 타인의 눈에 비친 나의 모습은 명예, 지위, 명성, 출세 등으로 나타난다. 우리는 늘 타인에게 좋은 인상을 주려고 하고 좋은 평가를 얻으려고 노력한다. 그만큼 인간은 혼자 뭔가를 이루기에는 부족한 점이 있기 때문에 다른 사람의 지지와 호의를 이끌어 내려고 한다. 그래서 남에게 잘 보이기 위해 속임수를 사용하기도 하고 가면을 쓰기도 한다.

그러나 남에게 너무 잘 보이려고 의식하다 보면 눈치를 보게 되고 대화가 부자연스럽게 된다. 본래 자신의 모습보다 더 좋게 평가받으려는 허영심이 커지게 된다. 우리가 지나치게 신경 쓰는 타인의 의식이 얼마나 편협하고 변덕스러운 기분에 좌우되는지를 알게 되면 타인의 평가가 나에게 미치는 영향이 크지 않다는 것을 알게 된다.

나도 남을 평가할 수 없고
남도 나를 평가할 수 없다

나에 대한 평가가 이뤄지는 타인의 마음은 피상적이며, 천박하고, 왜곡된 경우가 많기 때문에 기대 이상의 좋은 평가를 기대하는 것은 어리석은 짓이다. 타인은 정작 나의 일에 크게 관심이 없기 때문이다. 그것은 우리가 타인을 평가하는 방식을 보면 쉽게 유추할 수 있다. 자신에 대한 제삼자의 판단은 객관적이지 않다. 특히 칭찬이 아니라 비난인 경우 그 사람의 사고방식을 보면 무식하고, 편견이 있고 좁고 빈약한 경우도 있다. 그런 평가는 아예 무시하는 것이 더 낫다.

쇼펜하우어는 타인의 시선에 지나치게 신경 쓰는 잘못된 예로 어느 죽음을 앞둔 사형수 이야기를 한다. 1846년 3월 31일 자 〈타임스〉에 실린 토머스 워크스는 사형이 집행되는 날 자신의 수치스러운 마지막 모습을 보려고 온 참관인들에게 의연한 모습을 보여 주는 데 성공했다. 죽음을 앞두고 구경꾼들에게 마지막으로 멋진 모습을 보이고자 한 것은 끔찍한 명예욕의 본보기다.

명예나 출세를 중시하는 사람뿐만 아니라 많은 사람은 '남이 나를 어떻게 생각할까'라는 걱정에 살고 있다. 자신이 지닌 참된 모습보다는 남의 마음속에 깃든 자신의 모습을 더 중요하게 생각하는 것이다. 만약 우리가 남의 눈치를 보지 않고 산다면 불필요한 불안은 사라질 것이다.

인간의 많은 고뇌와 번민은 남의 시선을 지나치게 의식하는 잘못된 태도에서 유래한다. 그 바탕에는 질투, 증오심, 허영심, 자존심 등이 있다. 즉 남과 비교하여 더 좋게 평가받고 싶으면서 다른 사람의 장점을 증오하게 된다. 또한 실재의 자신보다 더 좋게 평가받고 싶은 허영심은 무시받지 않으려는 자존심을 나타낸다. 이 가운데 불행감을 가져오는 허영심을 없애는 일이 가장 어렵다.

호감 가는 사람이
되기를 포기하라

'어떻게 해야 그 사람의 마음에 들까' 고민하는 것보다 더 중요한 것은 자신이 원래 갖고 있는 자산에 대해 생각하는 것이다. 명예, 지위, 명성은 예를 들면 나의 목숨이나 건강보다 결코 중요하지 않다. 건강과 바꿀 수 있는 것은 없다. 가장 어리석은 일이 명성과 명예를 위해 목숨을 기꺼이 바치는 일이다. "명예가 목숨보다 더 중요하다"라는 격언은 타인의 견해를 자신의 것보다 더 중요하게 여기는 망상에 불과하다.

타인에게 더 많은 존경과 지지를 받아 자신의 입지를 높이려는 것은 어리석은 일이다. 그렇게 해서 관직, 훈장, 칭호를 얻는 일은 여러 분야에서 일어나고 있다. 우리가 전혀 알지 못하는 타인의 마음에 기대하는 망상은 우리를 불행하게 한다. 오히려 남이 뭐라 하든 신경 쓰지 말아야 한다. 타인의 평가에 속아 자신의 건강이나 목숨을 바치는 일이 비일비재하다. 그 바탕에는 탐욕과 집착이 자리잡고 있다. 결국 그런 노력이 아무런 실속이 없다는 것을 나중에 깨닫게 된다.

쇼펜하우어는 명예욕, 허영심과 구분되는 자긍심의 중요성을 말한다. 허영심이 본래 모습보다 더 좋게 타인으로부터 갈채를 받으려는 욕심이라면, 자긍심은 자신이 갖고 있는 장점에 대한

자긍심은 나로부터 시작된다.

확고한 확신이다. 허영심이 타인의 마음에 기대하는 희망이라면, 자긍심은 자신의 마음에서 자신에 대해 내리는 직접적인 높은 평가다. 자신만의 장점과 가치에 확신이 있다면 누구나 가질 수 있다. 그런 확신이 있다면 자긍심은 손상되지 않는다. 그리고 흔들리지 않는 자긍심을 갖기 위해서는 타인의 호감을 얻으려는 허영심을 없애야 된다. 쇼펜하우어는 말했다.

"허영심이 들면 말을 많이 하고 자긍심이 들면 과묵해진다."

사회생활을 할 때 중요한 것이 소위 '세평'이다. 늘 평가는 이뤄지고 그것에 따라 승진과 출세 그리고 명예가 결정된다. 타인의 거울에 비친 모습대로 살지 말고 자신의 기준에 맞게 당당하고 기죽지 말고 살도록 해야 된다. 자신이 자신의 가치를 긍정하는 흔들리지 않는 자긍심은 행복의 조건에서 가장 중요하다.

S
자기 자신에게 확신이 생기는 순간 인생이 달라진다.

30

나 자신이
누구인지가 중요하다

| 자기 긍정 |

"우리 인생의 첫 40년은 본문이고, 그다음 30년은 그 본문에 대한 주석이다."

쇼펜하우어는 아리스토텔레스의 세 가지 분류를 응용하여, 운명의 차이를 만드는 세 가지를 '인격, 소유, 평판'으로 구분한다. 그 가운데 첫 번째는 인간을 이루는 것으로 가장 넓은 의미에서 '인격'이다. 여기에는 건강, 힘, 아름다움, 기질, 도덕적 성격, 지능 그리고 교양이 포함된다. 인격은 인간이 원래 태어나면서 갖고 있는 것으로 어느 누구도 빼앗아 갈 수 없는 것이다.

인간의 행복을 결정하는 인격은 세상을 바라보는 각자의 관점을 말한다. 따라서 재산이 없고 사회적 지위가 낮아도 인격적인 장점이 있다면 충분히 행복할 수 있다. 행복의 참된 원인은 밖에 있는 것이 아니라 우리 안에 있다. 우리의 행복은 밖에서 얻어지는 것이 아니라 우리가 이 세계를 어떻게 보느냐에 따라 만들어진다. 중요한 것은 마음가짐이다.

우리의 인격은 재산이나 명예와 달리 운명에 종속되지 않으므로 함부로 빼앗길 수 없는 것이다. 재산과 명예가 운에 따라 훼손될 수 있는 상대적인 가치를 지닌 반면, 인격의 가치는 절대적인 것이다. 우리의 인격은 평생 변하지 않는다. 지위나 부로 대신할 수 없는 장점은 본래 인간 자신을 이루는 것이다. 홀로 있을 때도 따라 다니는 것, 아무도 주거나 빼앗을 수 없는 것은 남의 시선에 비친 모습(평판)이나 소유할 수 있는 재산보다 더 가치가 있다.

인격이 관점을 결정하고
관점이 세계를 결정한다

인격은 재산처럼 주고 받을 수 있는 것이 아니며, 평판처럼 타인에 의해 결정되는 것이 아니라 본래 자신이 소유하고 있는 것이다. 평생 죽을 때까지 따라다녀서 떼 놓을 수 없는 우리의 본질이다. 취득하거나 획득하는 것이 불가능한, 원래 갖고 있던 것이 인간의 행복에서 가장 중요하다. 바깥의 것은 운명에 의해 바뀔 수 있지만 우리의 인격은 결코 변하지 않는다.

그래서 인격의 차이에 따라 같은 환경에서도 행복감과 불행감은 차이가 난다. 외부의 것은 간접적인 영향을 미칠 뿐 사람의 생각이 다르면 느낌이 달라질 수밖에 없다.

이 세계는 주관과 객관이라는 두 개의 절반으로 이뤄져 있다. 객관적인 면이 아무리 멋지다고 해도 주관적인 면이 아둔하고 나쁘면 불행해 보인다. 아무리 멋진 경치라고 해도 질이 나쁜 카메라로 찍으면 예쁜 풍경이 나오지 않는 것처럼 세상을 바라보는 관점에 따라 세상은 달리 보인다. 각자 살아가는 세계는 무엇보다 그의 세계관에 의해 좌우되므로 생각의 차이에 따라 세상은 달리 보인다. 관점이 빈약하면 세계는 진부하거나 하찮은 것이 되기도 하고, 관점이 풍부하면 세계는 재미있거나 의미심장한 것이 된다.

같은 사건이라도 뛰어난 사람에게는 재미있는 일이지만 평범한 사람에게는 진부한 장면에 불과하다. 행복은 지위와 부의 차이에 따라 약간의 차이가 날 수 있지만, 행복한 감정이 일어나는 곳은 내면의 의식이다. 우리의 행복이 우리를 이루는 것, 즉 우리의 인격에 얼마나 좌우되는지 분명해진다.

내가 깨달은 것만큼이
나의 세계다

인간이 누릴 수 있는 행복의 한도는 각자의 개성에 의해 미리 정해져 있다. 특히 정신력의 한계에 따라 고상한 향유를 누릴 수 있는지, 그렇지 못한지 그 능력이 최종적으로 정해진다. 쇼펜하우어에게 최고의 즐거움은 정신적인 즐거움이다. 정신력이 부족하면 외부 환경이 아무리 좋아도 평범한 행복을 느끼며 동물적인 쾌락, 저급한 사교나 유흥에 빠져들고, 높은 정신력을 가진 사람은 독서와 사색, 그리고 저술 같은 활동에서 진정한 행복을 느낀다고 했다.

다시 강조하면, 행복의 참된 조건은 객관적인 외부에서 찾는 것이 아니라 자신 안의 주관적인 조건에서 찾아야 한다. 개인의 행복은 지위나 재산과 같은 '외적인 선'에 의해 결정되는 것이 아니라, 세계를 받아들여 의미를 구성하는 의식의 영향을 크게 받는다. 세상을 낙관적으로 보느냐, 비관적으로 보느냐는 그 사람의 관점, 정신력에 비례하는 것이다. 우리는 쇼펜하우어의 철학을 통해 이런 관점을 풍성하게 키울 수 있을 것이다.

40대가 어떻게 살아야 하는지의 문제는 누구에게나 해당되는 공통의 주제다. 10대, 20대, 30대를 거쳐 40대가 되어 인생에 대한 경험이 많아질수록 그것에 대한 나름의 해석이 덧붙어야 한다. 쇼펜하우어는 40대를 인생의 큰 분기점이라고 말한 적이 있다. 40대 이후는 지금까지 경험한 것에 대해 나름의 색깔을 더하는 해석의 과정이다.

쇼펜하우어는 염세주의자로 알려져서 온통 검은색으로 칠해진 우울한 삶을 산 것 같지만 실제로는 인생의 다양한 즐거움을 알고 다채로운 삶을 누렸다. 경제적으로 충분한 여유가 있어서 일하지 않아도 됐기 때문에 인생을 멀리서 통찰할 수 있는 안목을 가졌다. 그 당시 뜬구름 잡는 듯한 추상적인 이야기로 돈을 벌던 강단 철학자를 비판한, 늘 현실의 고통과 기쁨에 밝았던 철학자였다. 쇼펜하우어는 행복을 바라보는 시각도 중요했지만 그보다 고통을 바라보는 관점을 더 갖추는 것을 중요하게 생각했다.

현명하게 품격을 쌓고 교양 있게 나이가 들기 위해서는 무엇보다 독서와 사색, 그리고 자신에 대한 끊임없는 통찰이 필요하다. 아무 생각 없이 인생을 경험한다고 저절로 깨달음을 얻지는 못한다. 100년을 산다고 모두 지혜로운 사람이 될 수는 없다. 이 세상을 떠날 때 어떤 이는 '무상'하다고 한탄하지만 어떤 이는 '소풍'처럼 기쁜 마음으로 떠날 수도 있다. 자신이 보고 느낀 것이 그 삶의 전부다.

우리가 세상의 고통에 대해 굴복하지 않고 타인에 대해서도 늘 당당한 마음을 갖기 위해서는 삶의 지혜가 필요하다. 우리의 삶을 빼앗아 가는 것은 운명밖에 없다. 죽는 순간까지 우리가 쇼펜하우어의 행복론에서 배워야 할 점들이다.

$\mathscr{S}$

운명은 나아질 수 있다.